Mit dem Frachtschiff nach Fernost

Rolf Schmidt

Mit dem Frachtschiff nach Fernost

Ein Reisebericht

Diese Taschenbuchausgabe erscheint mit freundlicher Unterstützung der

Raiffeisenbank eG Heide

1. Auflage

Vollständige Taschenbuchausgabe 2006

Alle Rechte vorbehalten. Der Inhalt dieses Buches darf nur mit Genehmigung des Autors wiedergegeben werden.
Umschlagmotiv: Rolf Schmidt
Herstellung und Verlag: Books on Demand GmbH, Norderstedt
ISBN 10: 3-8334-6381-3
ISBN 13: 978-3-8334-6381-5

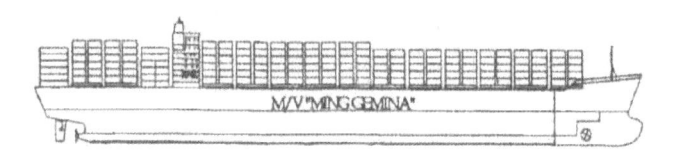

Technische Daten des Schiffes

Name	Ming Gemina
Rufnummer	P 3 PZ 7
Heimathafen	Limassol / Zypern
Bauwerft	Hyundai / Süd-Korea
Baujahr	1995
Länge	245 Meter
Breite	32 Meter
Ladung	3.600 Container
Antriebsleistung	44.080 BHP (PS)

Vorwort

Im vorliegenden Reisebericht habe ich versucht, meine Eindrücke und Erlebnisse dieser Reise so wiederzugeben, wie ich sie empfunden habe.
Deshalb ist dieser Bericht auch kein Tagebuch, in dem chronologisch nachzulesen ist, wie sich unser Tagesablauf gestaltete.
Ich habe vielmehr versucht, meine subjektiven Empfindungen über die Seefahrt darzulegen, weshalb es jedem Leser freigestellt bleibt, seine eigenen Vorstellungen von der Seefahrt zu bewahren.

Rolf Schmidt

Es ist nicht viel geblieben von der Aura der Segelschiffzeit, so, wie sie in der Belletristik ihren Niederschlag gefunden hat. Gleichwohl gibt es auch heute immer noch romantisch empfindende Zeitgenossen, die in der seelenlos gewordenen Schifffahrt jenes Flair finden, das bereits Generationen vor uns in den Bann gezogen hat.

In vielen von uns steckt nun mal unterschwellig die Sehnsucht nach Meer, Wind und Wellen. So lässt zum Beispiel das Ambiente einer Küstenlandschaft viele Menschen gerade dort ihren Urlaub verbringen. Vorbeiziehende Schiffe wecken Sehnsüchte nach fernen Ländern und dabei vielleicht auch den Wunsch, gerade in diesem Moment an Bord eines dieser Schiffe zu sein.

So bedeutete auch für uns verkappte Seefahrer allein das bloße Vorhandensein seetüchtiger Schiffe eine ständige Versuchung. Jetzt, wo wir uns im Ruhestand befinden und der Faktor Zeit nicht mehr die entscheidende Rolle spielt, war auch für uns der Augenblick gekommen, unsere geheimen Wünsche in die Tat umzusetzen.

Nein, nicht mit einem Traumschiff wollten wir in See stechen, sondern mit einem Frachtschiff, so, wie man sie in jedem Hafen der Welt antrifft.

Dabei dachten wir uns, dass unsere vorhandene Affinität zum Wasser, gepaart mit etwas Abenteuerlust ausreichen müsste, sich auf einem Frachtschiff wohl zu fühlen. Wer sich jedoch in das „Abenteuer" einer Reise mit dem Frachtschiff wagt, muss sich darüber im Klaren sein, dass er mit einem Arbeitsschiff unterwegs ist.

Aber auch über ein paar andere Dinge sollte man sich im Klaren sein, bevor man eine Reise mit dem Frachtschiff antritt.

Zunächst einmal steht Anpassung vor Animation, womit gemeint ist, dass sich jeder Passagier um seine Freizeit selbst zu kümmern hat. Animateure sind auf Frachtschiffen ein Fremdwort. Anpassung heißt nichts anderes als die Bereitschaft, sich auf den täglichen Rhythmus eines Frachtschiffes einzustellen. Der Transport von Frachtgütern steht immer im Vordergrund. So bestimmt denn das Ladungsaufkommen nicht nur den Fahrplan, sondern auch die Dauer der Liegezeit in den Häfen. Landgänge während der Hafenliegezeiten müssen selbst organisiert werden. Auch muss sich jeder Frachtschiffreisende rechtzeitig vor Antritt der Reise sowohl um die erforderlichen Schutzimpfungen als auch um die Beschaffung von Visa, soweit erforderlich, selbst kümmern.

Man kann sich überall an Bord frei bewegen, solange der betriebliche Ablauf dadurch nicht behindert wird.

An Bord eines großen Containerschiffes sind weite Wege und viele Treppen zu bewältigen. So ist man mit Freizeitkleidung und bequemen Schuhen besser bedient als mit einem Nadelstreifenanzug. Aus diesem Grunde ist auch das „Kleine Schwarze" zu Hause im Kleiderschrank besser aufgehoben.

Belohnt wird man mit interessanten Einblicken in die Navigation oder Schiffsbetriebstechnik sowie in das Leben auf hoher See. Will man Näheres über die Navigation eines Schiffes erfahren, geht man auf die Brücke und schaut dem Kapitän oder dem wachhabenden Offizier über die Schulter. Ist man an der Schiffsbetriebstechnik interessiert, wendet man sich an den Chiefingenieur. Alle Fragen werden gerne beantwortet und gegebenenfalls durch praktische Beispiele untermauert.

In meinem Bemühen um Authentizität habe ich viele Gespräche sowohl mit dem Chiefingenieur als auch mit den nautischen Offizieren geführt. Gleichwohl hat dieser Bericht keinen Anspruch auf Vollständigkeit, insbesondere was die spezifischen Abläufe an Bord betrifft.

Irgendwann im letzten Sommer rief ich bei einer Agentur für Frachtschiffreisen in Schleswig Holstein an, um mich über Möglichkeiten einer Reise nach Fernost zu erkundigen. Bereits wenige Tage später hatte man für uns ein geeignetes Schiff gefunden. Hafenstädte wie Tilbury, Rotterdam, Antwerpen, Singapur, Hongkong und Kaohsiung in Taiwan sollten angelaufen werden. Insgesamt 52 Tage sollte die Reise dauern.

Ende Februar war es dann soweit. Mit unseren Koffern bewappnet stand ich mit meiner Frau Monika vor dem Gate des TCT-Tollerort Container Terminals im Hamburger Hafen, von wo uns ein Shuttlebus bis an die Gangway unseres Schiffes brachte. Es war gerade Hochwasser. Die Bordwand des riesigen Containerschiffes ragte hoch über die Kaimauer hinaus. Um uns herum herrschte hektische Betriebsamkeit. Das Be- und Entladen des Schiffes war in vollem Gange. Eine steile Gangway führte hinauf zum Hauptdeck, und während wir noch etwas unschlüssig am Fuße der Gangway standen und überlegten, wie wir unsere schweren Koffer an Bord bekommen, kamen schon zwei Besatzungsmitglieder die Gangway herunter. Mit einem freundlichen >hello< begrüßten sie uns, schwangen sich die Koffer auf die Schulter und bedeuteten uns, ihnen zu folgen. Noch etwas unsicher hangelten wir die Gangway hinauf und erreichten im Schlepptau der beiden das Hauptdeck des Schiffes. Durch das Treppenhaus ging es danach hinauf zum E-Deck, wo unsere Kammer liegen sollte.

Offensichtlich hatte uns der Kapitän schon beim Aussteigen aus dem Shuttlebus wahrgenommen, denn er begrüßte uns bereits freundlich, noch bevor wir unsere Kammer betreten hatten.

Nachdem wir uns bekannt gemacht hatten, informierte er uns zunächst über die täglichen Essenszeiten und dass er uns um 18 Uhr zum Dinner in der Messe erwartet. Weiterhin bat er uns, die Kammer nicht mit Straßenschuhen zu betreten, was gleichermaßen auch für solches Schuhwerk galt, das während der Reise an Deck getragen wird. Auch wurden wir darüber informiert, dass während der Hafenliegezeiten die Kammern aus Gründen der Sicherheit abzuschließen sind. Auf See jedoch würden alle Kammertüren offen stehen, wodurch bekundet wird, dass Besuch gerne gesehen ist. Eine geschlossene Kammertür hingegen signalisiert, der Bewohner möchte nicht gestört werden.

Unsere Kammer entpuppte sich als stattlicher Raum mit immerhin 20 m² Grundfläche. Die Einrichtung des im dunklen Dekor gehaltenen Salons bestand aus einer bequemen Sitzgruppe, diversen Einbauschränken mit Einbaukühlschrank sowie einem Schreibtisch. Verarbeitete Teakhölzer, Wanddekor und Auslegeware gaben dem Ganzen einen kommoden, aber schiffigen Touch, in dem man sich wohl fühlen konnte. Ein separater Schlafraum enthielt ein Doppelbett sowie einen Kleiderschrank mit reichlich Stauraum. Vom Schlafraum hatte man Zugang zu einer mit WC, Handwaschbecken und Dusche ausgestatteten Nasszelle. Drei Fenster im Salon sowie ein Fenster im Schlafraum erlaubten einen Ausblick aus 30 Metern Höhe sowohl nach Vorn als auch zur Seite.

Zur Begrüßung fanden wir im Kühlschrank eine Flasche Sekt vor, sowie ein paar Flaschen Beck`s Bier.

Zum Auspacken unserer Koffer verspürten wir beide zu diesem Zeitpunkt nicht die geringste Lust. Zu viele neue Eindrücke stürzten auf uns ein und mussten erst gedanklich verarbeitet werden. Auch wollten wir zunächst unser neues Umfeld erkunden.

Neben unserer Kammer befand sich auf demselben Deck der Conferenceroom, ausgestattet mit bequemen Sitzmöbeln und einer winzigen „Schiffsbibliothek". Daran anschließend gab es eine zweite Kabine, in Größe und Ausstattung wie die unsrige, in der ein weiterer Passagier wohnte. Aber hierzu später mehr.
Ein Deck höher, also auf dem F-Deck, befanden sich die Kammern des Kapitäns und des 1. Ingenieurs und darüber das Brückendeck mit der Kommandobrücke. Die Schiffsoffiziere sowie der 2. und 3. Ingenieur bewohnten die Decks unter uns.
Drei Decks unter uns auf dem C-Deck gab es einen Recreation-Room, dessen Einrichtung ausschließlich der Erholung und körperlichen Ertüchtigung diente. Er war ausgestattet mit einer Sauna, einem Meerwasser-Schwimmbecken sowie einer Tischtennisplatte. Darüber hinaus gab es noch verschiedene Hometrainer, auf denen man Rudern, Rad fahren oder wenn man wollte, seine Muskeln stählen konnte. Des Weiteren befanden sich auf diesem Deck und auch auf dem darunter liegenden B-Deck die Unterkünfte der Deckscrew.
Mittlerweile war es 18 Uhr geworden und damit Zeit, zum abendlichen Dinner in die Messe zu gehen. Der Kapitän war bereits anwesend und stellte uns sogleich seinen ebenfalls anwesenden Offizieren und Ingenieuren vor. Auch lernten wir den Schiffskoch und den philippinischen Messesteward kennen.

Während draußen das Be- und Entladen seinen Fortgang nahm, fingen wir nach Rückkehr in unsere Kammer an, die Koffer auszupacken und uns einzurichten. Dabei ließ leise Musik aus dem Radio die Anspannung des Tages vergessen. Morgen früh um 5 Uhr, so hatten wir erfahren, sollte die Reise losgehen. Später, so hatte ich mir vorgenommen, wollte ich noch vom Brückendeck den Ladevorgang auf Film bannen.

Moni hatte sich längst hingelegt, als ich um Mitternacht wieder in der Kammer auftauchte; aber sie war noch wach. Nicht nur der Tag unserer Abreise war angebrochen, sondern auch Monis Geburtstag. Nur noch 5 Stunden waren es bis zum Auslaufen, aber die Zeit für ein Gläschen Sekt nahmen wir uns noch und nachdem ich den Wecker gestellt hatte, wurde auch bald darauf das Licht gelöscht.

Ich hatte es gerade noch geschafft. Als mich der Wecker am nächsten Morgen um 5 Uhr aus dem Schlaf riss, waren wir gerade im Begriff abzulegen. Zähne putzen und Anziehen war denn auch nur eine Sache von wenigen Minuten. Während Moni noch schlief, verließ ich unsere Kammer. Ich drückte die Tür leise ins Schloss und machte mich auf den Weg hinauf zum Brückendeck. Die Müdigkeit verdrängte ich, wusste ich doch, dass eine Revierfahrt mit einem Schiff dieser Größenordnung für einen Interessierten eine spannende Sache werden konnte. Durch das Treppenhaus gelangte ich nach oben.

Als ich die Tür zum Brückenhaus öffnete, schaltete sich das Treppenhauslicht automatisch ab. Dunkelheit und Stille sowie der leise gläserne Sington des Radars waren erste sinnliche Wahrnehmungen, als ich den Raum betrat. Mit einem leisen Klick viel hinter mir die Tür ins Schloss. Es brauchte schon eine Weile, bis sich meine Augen an die Dunkelheit gewöhnt hatten. Nur ganz schemenhaft waren die auf der Brücke anwesenden Personen zu erkennen. Ich tastete mich langsam vor und drückte mich dann still in eine Ecke.

Der Kapitän und ein Lotse saßen am Brückenpult jeweils vor einem Radar, deren illuminierende Bildschirme das Brückenhaus in ein spärliches Licht hüllten. Während sich der 1. Offizier am nur schwach erleuchteten Kartentisch aufhielt, befolgte ein am Ruder stehender Rudergänger die Anweisungen des Lotsen. Two Seven Zero, hörte ich den Lotsen sagen. Und Two Seven Zero kam es wenig später nach erfolgter Kursänderung auf 270 Grad vom Rudergänger zurück. Mit einem Thank You seitens des Lotsen war der Dialog bis zur erneuten Kursänderung beendet.

Eine wahre Flut von Lichtern und Lichtreflexen traf das Auge des in der Dunkelheit stehenden Betrachters, und es bedurfte schon eines geschulten Auges, wollte man sich in diesem Wirrwarr zurechtfinden. Grüne, rote und weiße Lichter in den unterschiedlichsten Farbkennungen dienten dem Lotsen als zusätzliche visuelle Unterstützung während der Fahrt auf der Elbe.

Vorbei an bereits beleuchteten Fenstern, der am Hang von Blankenese „klebenden" Häuser, bahnte sich unser Schiff mit etwa 15 Knoten Fahrt seinen Weg durch das Fahrwasser. Die umgerechnet etwa 28 Stundenkilometer mögen für einen Unkundigen im ersten Augenblick etwas langsam erscheinen. Aber man darf dabei nicht vergessen, dass wir nicht mit einem Auto unterwegs waren, sondern uns mit einem fast 250 Meter langen Schiff in einem engen Fahrwasser befanden. Und wer einmal auf der Brücke eines solchen Schiffes gestanden hat und aus fast 40 Metern Höhe auf das Fahrwasser geblickt hat, kann erst ermessen wie eng ein Fahrwasser werden kann, insbesondere dann, wenn ein

Schiff gleicher Größe entgegen kommt. Und mal eben auf die Bremse treten, würde bei einem Schiff mit einem Gesamtgewicht von etwas mehr als 37.000 Tonnen in der Regel auch nicht funktionieren.
Aufmerksamkeit und Konzentration war also oberstes Gebot und so war es auch nicht verwunderlich, wenn auf der Brücke keine unnötigen Gespräche geführt wurden.
Unterbrochen wurde die Stille nur, wenn über Funk von der Verkehrsleitstelle eine aktuelle Lagemeldung eintraf.
Jede halbe Stunde werden alle am Verkehr auf der Elbe teilnehmenden Schiffsführungen über die jeweilige Verkehrslage sowie das Einsetzen der Tide oder auch über die aktuelle Wetterlage in der Elbmündung informiert. Dabei werden alle größeren Schiffe namentlich genannt und auch deren momentane Position durchgegeben. Die Lagemeldungen erfolgten jeweils zunächst in englischer Sprache, um anschließend in deutscher Sprache wiederholt zu werden.
Nur ganz langsam wich die Nacht dem Morgen und Schemenhaftes bekam allmählich klarere Konturen. Es war gerade 6.00 Uhr als wir Glückstadt passierten. Leichter Dunst hüllte die Elbmarschen in einen milchigen Schleier. Es versprach ein schöner Tag zu werden. Die aufgehende Sonne ließ den vor uns liegenden Strom spielerisch glitzern und lange Schatten gaben der ganzen Szenerie einen würdigen Rahmen.
Kaffeeduft streichelte plötzlich meine Sinne. Für uns alle unbemerkt, hatte der Messesteward die Brücke betreten, um den Anwesenden einen ersten Morgenkaffee zu servieren. Hatte bereits der aufziehende Morgen für eine gewisse Leichtigkeit auf der Brücke gesorgt, so verschaffte der kredenzte Kaffee Raum für noch mehr Lockerheit und ließ die Anspannung der letzten Stunden vergessen.

Nach einem ersten Frühstück in der Messe zog es mich sofort wieder auf die Brücke. Herrlicher Sonnenschein empfing mich, als ich das Brückendeck betrat. Im Brückenhaus war der Lotse gerade im Begriff sich zu verabschieden: Vor Brunsbüttel nämlich endete das Revier des Elblotsen. Der jetzt neu hinzu gestiegene Seelotse sollte unser Schiff bis zu dem in der Elbmündung liegenden Stationslotsendampfer führen. Dort endete dann die so genannte Revierfahrt.
Zusammen mit dem Seelotsen waren noch zwei weitere Lotsen an Bord gekommen, die auf dem in der Elbmündung liegenden Stationslotsendampfer erwartet wurden. Dort sollten sie auf ihren Einsatz warten, um die nächsten in die Elbmündung einlaufenden Schiffe zu übernehmen.
Es ist internationaler Brauch, dass jedes Schiff auf jedem Gewässer auch dienstfreie Lotsen zur Beförderung mitnimmt.
Während wir bei bestem Mützenwetter dem relativ engen Fahrwasser folgten, kam von der Verkehrsleitstelle eine neuerliche Lagemeldung, die unter anderem auch eine Windwarnung für die Nordsee enthielt.
Nachdem wir Cuxhaven passiert hatten, entschwand ganz langsam die Küste aus meinem Blickfeld. Gegenständliches verlor allmählich seine klaren Konturen, um schließlich als schmaler Streifen unter dem Horizont zu versinken.
Die freie See hatte uns aufgenommen. Fast sieben Wochen sollten vergehen bis wir Cuxhaven wieder zu Gesicht bekommen würden.
Noch immer herrschte bestes Mützenwetter, will sagen, die Sonne schien. Wind und See waren eher mäßig. Bereits eine Stunde später fing es an sich zuzuziehen und der Wind nahm an Stärke zu. Die in der Lagemeldung

angekündigte Windwarnung schien sich also zu bestätigen. Beide nicht Dienst tuenden Lotsen meinten dann auch ganz beiläufig > wenn es schlimmer wird, fahren wir mit nach Felixstow <.

Noch vor nicht langer Zeit war bei schwerem Wetter das Versetzen und Ausholen der Lotsen ein reines Himmelfahrtskommando, wenn nämlich die kleinen, einem Ruderboot ähnelnden Versetzboote wie eine Nussschale hin und her geworfen wurden und der Lotse an der steilen Bordwand eines schwankenden Schiffes die Lotsenleiter hochklettern musste. Heute wird das Ganze durch das neue Lotsenversetzsystem "Elbe Range" mit mehr Leichtigkeit abgewickelt. Dabei ist das Stationsschiff "Elbe" nicht nur Versorgungsbasis, sondern auch gleichzeitig Unterkunft für die Lotsen und Besatzungen der beiden Lotsentender "Döse" und "Duhnen". Allein die Konstruktion der neuen Doppelrumpf-Lotsentender erlaubt ihren Einsatz auch bei höherem Seegang. So können Schiffe noch bei einer Windstärke von 8-10 Beaufort und 3,5 Metern Wellenhöhe sicher bedient werden. Auch muss die Fahrt der Seeschiffe während des Versetzens und Ausholens nicht mehr bis auf 3 Knoten reduziert werden.

Zu erwähnen wäre noch, dass der Lotse lediglich der navigatorische Berater des Kapitäns ist und dass der Kapitän auch während der Anwesenheit des Lotsen stets die volle Kommandogewalt über sein Schiff behält.
Längst waren wir über UKW-Sprechfunk beim Stationsschiff Elbe avisiert. Mit reduzierter Fahrt näherten wir uns der Position, an der unser Lotse ausgeholt werden sollte. Schon näherte sich mit hoher Geschwindigkeit der Lotsentender "Duhnen" um kurze Zeit später längsseits zu kommen. Während der Kapitän zusammen mit dem 1. Offizier im Brückennock stand um das Manöver aus der Höhe zu verfolgen, verließen die drei Lotsen durch die offene Relingspforte unser Schiff. Noch ein letzter Gruß und der Tender nahm mit den drei ausgeholten Lotsen Kurs auf das im sicheren Abstand liegende Stationsschiff.

Ab jetzt befehligte unser Kapitän sein Schiff wieder alleine. So nahm er erst einmal wieder Fahrt auf. Mit 21 Knoten setzten wir unsere Reise nach Felixstow, unserem ersten Anlaufhafen auf der britischen Insel fort.

Nach dem Lunch wollten wir einen ersten Erkundungsrundgang an Deck machen. Jedoch war uns der Weg zum Vorschiff durch überkommende Gischt verwehrt, weshalb wir uns zum relativ geschützten Achterdeck begaben. Der starke Seegang und die recht kühle Außenluft ließen uns aber bald wieder in unserer warmen Kammer verschwinden.

Indes wurde es Abend. Während sich unser Schiff seinen Weg durch die ruppige Nordsee bahnte, saßen wir drei Passagiere hoch und trocken in der Offiziersmesse und ließen uns unser erstes gemeinsames Dinner auf See schmecken.

Ach ja, ich vergaß unseren dritten Passagier, Herrn Wennecke, vorzustellen. Ich hatte ihn bereits am Morgen gefragt ob wir uns gleich duzen wollten, oder damit bis ans Ende der Reise warten sollten. Natürlich hatten wir uns sofort auf das Du geeinigt, weshalb ich ihn im Folgenden auch nur noch mit seinem Vornamen Heinz erwähnen werde. Gemeinsam verbrachten wir den ersten Abend bei uns auf der Kammer. Heinz hatte aus seinem Vorrat eine Flasche Küstennebel mitgebracht und es sei an dieser Stelle verraten, dass dieser Flasche mindestens eine weitere, ähnlichen Inhalts, während der 51noch vor uns liegenden Tage folgen sollte.

Über Nacht waren wir in Felixstow eingetroffen. Ungewohnte Geräusche ließen mich noch vor 7.00 Uhr erwachen. Als ich den Vorhang zur Seite schob, sah ich, dass die Verladearbeiten schon in vollem Gange waren. Es war immer noch recht windig, aber es regnete nicht. Während des Frühstücks erfuhren wir, dass der Auslauftermin auf 19.00 Uhr festgesetzt worden war. Wir hatten also genügend Zeit, die nähere und weitere Umgebung zu erkunden. So entschieden wir, gleich nach dem mittäglichen Lunch von Bord zu gehen. Nach dem Frühstück erkundeten wir zunächst das nähere Umfeld. Dabei fanden wir auch heraus, welche Möglichkeiten es gab, in den Ort Felixstow zu gelangen. Wir nahmen also noch um 12.00 Uhr unseren Lunch ein und gingen danach von Bord. Moni hatte im Verlaufe des Vormittags entschieden, an Bord zu bleiben, und so machten wir beiden Männer uns alleine auf den Weg.

Mit einem Shuttlebus fuhren wir zunächst zum Seafarers`Centre, oder auch Seemannsheim, wo uns eine freundliche Bedienung telefonisch ein Taxi bestellte und wir auch gleich die ersten Dollar in englische Pfund Sterling eintauschten.

Felixstow, ein gepflegtes, schönes Seebad, ist erst seit 1953 Containerhafen und bietet dem Besucher neben einer schönen Strandpromenade auch weite Sandstrände sowie viele touristische Einrichtungen.

Es dauerte nicht lange und wir saßen im Taxi, dessen freundliche Fahrerin uns in weniger als 15 Minuten bis in den Ortskern von Felixstow kutschierte. Bevor wir das Taxi verließen, verabredeten wir noch Ort und Zeitpunkt für die Rückfahrt.

Die jetzt von uns eingeschlagene Richtung führte uns direkt hinunter zur Strandpromenade, wo wir unsere Exkursion fortsetzten. Sowohl der weite Sandstrand als auch die Strandpromenade waren zu dieser frühen Jahreszeit

menschenleer. Auch hatten die vielen touristischen Einrichtungen noch alle geschlossen. Trotz alledem genossen wir unseren fast dreistündigen Fußmarsch, gab es doch auch so noch eine Menge zu sehen und zu erkunden.
Wie vereinbart, trafen wir später wieder am verabredeten Ort auf unser Taxi, das uns dann auch wieder zum Seafarer`s Centre zurück brachte. Ein gut gezapftes Guinnes gönnten wir uns noch, bevor uns der Shuttlebus gerade noch rechtzeitig zum Dinner an der Gangway unseres Schiffes ablieferte.
Wie wir später erfuhren, mussten die Verladearbeiten während unserer Abwesenheit wegen des immer noch heftigen Windes mehrmals unterbrochen werden, wodurch sich der Auslauftermin unseres Schiffes um etwa 4 Stunden verzögern sollte.
Bei Sonnenuntergang standen Moni und ich ganz oben in der Brückennock und genossen bei jetzt völliger Windstille den Anblick der sich am Horizont verabschiedenden Sonne. Später kam Heinz noch zu uns rüber in die Kammer und während wir von unserem Landgang berichteten und dabei Erlebtes memorierten, wurde es 23.00 Uhr und damit für mich Zeit, auf die Brücke zu gehen, denn ich wollte das Ablegen unseres Schiffes auf keinen Fall versäumen.
Der englische Lotse war bereits an Bord. Er hielt sich zum Zeitpunkt meines Erscheinens zusammen mit dem Kapitän in der backbordseitigen Brückennock auf. Es war immer noch windstill und so konnte man es draußen im Freien gut aushalten. Ein Bugsierschlepper hatte achtern bereits die Schlepptrosse übernommen und wartete auf seinen Einsatz. Sowohl die Deckscrew als auch die Festmacher auf der Pier standen bereit, um auf Order des Kapitäns die Vor- und Achterleinen zu lösen. Es war bereits Mitternacht, als sich unser Schiff mit Hilfe des Bugstrahlers und des Schleppers langsam von der Pier löste um kurz darauf Fahrt aufzunehmen. Als wir dann eine Stunde später die freie See erreichten und der Lotse Anstalten machte das Schiff zu verlassen, hatte auch ich das Bedürfnis, endlich ins Bett zu kommen, ohne jedoch zu vergessen, den Weckruf für den nächsten Morgen auf 7.00 Uhr einzustellen.

Etwas vertraut war die Umgebung ja schon, als mich der Wecker am nächsten Morgen um 7.00 Uhr aus meinen Träumen riss, denn es war ja bereits unsere zweite Nacht die wir an Bord verbrachten. Als ich die Vorhänge öffnete, erkannte ich an den Fahrwassertonnen, dass wir uns bereits in der Schelde befinden mussten.
Gleich nach dem Frühstück ging ich zunächst allein auf die Brücke. Moni wollte später nachkommen. Mit einem freundlichen > good morning < betrat ich die Brücke. Direkt voraus war die Sonne gerade aufgegangen und durchflutete das Brückenhaus mit ihrem warmen Licht. Während der belgische Lotse mit umgehängtem Fernglas, nach allen Seiten Ausschau haltend, das Brückenhaus durchschritt, saß der Kapitän vor dem Brückenpult und beobachtete das Radarbild. Am Ruder stand ein philippinischer Rudergänger und der 1. Offizier erledigte irgendwelchen Papierkram.
Weite Flussniederungen begrenzten nach beiden Seiten hin die Außenschelde und gaben aus der Höhe des Brückendecks den Blick frei bis tief in das Hinterland.
Noch den ganzen Vormittag folgte unser Schiff dem gewundenen Lauf der Schelde, die so gar nichts gemein hatte mit dem geradlinigen Verlauf unserer Elbe. Nach einer letzten 90 Grad Kursänderung tauchten voraus die Portalkräne des vor der Schleuse liegenden Container-Terminals auf. Zwei Bugsierschlepper lagen bereits voraus in Bereitschaft, um uns auf den Haken zu nehmen. Ich

stand draußen in der Brückennock, natürlich wieder mit der Filmkamera bewappnet und verfolgte interessiert das bevorstehende Anlegemanöver.
Der Wind hatte im Verlaufe des Morgens trotz des schönen Wetters stark aufgefrischt. Acht Beaufort sollen es gewesen sein, wie mir der Kapitän zu einem späteren Zeitpunkt sagte und es galt noch das Schiff um 180 Grad zu drehen, bevor es schließlich am voraus liegenden Liegeplatz festmachen sollte. Beide Schlepper legten sich dann auch gehörig ins Zeug und versuchten mit Unterstützung unseres Bugstrahlers das Schiff zu drehen. Auf Legerwall liegend drifteten wir bei seitlichem Wind immer näher an andere bereits an der Pier liegende Schiffe heran, ohne dass es gelingen wollte, den Bug unseres Schiffes durch den Wind zu bekommen. Man spürte förmlich die Anspannung auf der Brücke, denn erst mit Hilfe eines dritten angeforderten Schleppers gelang es schließlich, die Nase durch den Wind zu bekommen und das Schiff zu drehen. Alles Weitere war dann eher wieder eine Routineangelegenheit.
Während wir uns mit langsamer Fahrt unserem Liegeplatz näherten, stand ich vorn auf der Back um das Herausgeben der Leinen zu verfolgen. Ich hatte mir natürlich vorher die Erlaubnis des 1. Offiziers eingeholt. Von einem sicheren Platz wollte ich mir mal in aller Ruhe ansehen, wie ein großes Schiff angebunden wird, wie es im Jargon heißt.

Die Manöverstation war zu diesem Zeitpunkt längst aufgeklart. Fein säuberlich, in Buchten ausgelegt, lagen die armdicken Leinen an Deck, um auf Kommando herausgegeben zu werden. Inzwischen war die Fahrt aus unserem Schiff soweit heraus, dass wir in sicherem Abstand, parallel zur Pier, zum Stillstand kamen. Mit Hilfe unseres Bugstrahlers und der beiden Schlepper verringerte sich unser Abstand zur Pier soweit, dass die ersten Wurfleinen geworfen werden konnten. Die Wurfleinen, deren Ende mit den an Deck ausgelegten armdicken Vor- und Achtersprings verbunden waren, wurden von den an der Pier bereitstehenden Festmachern geschickt aufgefangen und Hand über Hand eingeholt. Während jetzt Vor- und Achterspring durch die Springklüsen herausgegeben wurden, um von den Festmachern über die Poller gelegt zu werden, flogen bereits weitere, von anderen Crewmitgliedern geworfene Wurfleinen hinüber zur Pier, an deren Ende Vor- und Achterleinen befestigt waren. Vorn am Bug wurde zwischenzeitlich eine weitere Vorleine durch das Centerlead zu einem Festmacherboot hinab gelassen. Mit der Vorleine im Schlepp erreichte das Boot wenig später die Pier, wo Festmacher bereit standen, die Leine, wiederum Hand über Hand, hochzuziehen und über einen Poller zu werfen. Alle Leinen wurden jetzt parallel mit Hilfe der Mooringwinden "tight" geholt, wodurch unser Schiff ganz langsam an die Pier gezogen wurde. Die Bedienung der Mooringwinden erfolgte dabei aus sicherer Warte von Windenfahrständen über so genannte Mastercontroller.
Verantwortlich für das präzise Umsetzen der erteilten Anweisungen ist auf dem Vorschiff der 2. Offizier, während auf dem Achterschiff der 3. Offizier die Verantwortung trägt. Beide erhielten ihre Anweisungen vom 1. Offizier, der sich zu diesem Zeitpunkt zusammen mit dem Kapitän und dem Lotsen oben in der Brückennock aufhielt. Von dort gab er die vom Kapitän erteilten Orders über Sprechfunk an beide Manöverstationen weiter.
So war es wieder einmal ein geglücktes Anlegemanöver, und nachdem der Chief seine Maschine abgestellt hatte und wir später noch gemeinsam in der Messe beim Lunch saßen, kam auch der Kapitän pfeifend von der Brücke herunter,

woraufhin der Chief in seiner trockenen Art meinte: der Alte ist wieder einmal glücklich, den richtigen Hafen gefunden zu haben.
Erwähnen möchte ich an dieser Stelle, dass der Kapitän der Einzige an Bord ist der Pfeifen darf, wenn ihm danach ist. Allen Anderen ist es strikt verboten.
Noch vor Erreichen unseres Liegeplatzes hatten wir vereinbart, gleich nach dem Lunch mit einem Taxi ins Zentrum von Antwerpen zu fahren. Aber während wir noch in der Messe beim Essen saßen, fing es draußen an zu regnen. Als der Regen immer heftiger wurde und auch keine Aussicht bestand, dass er in der nächsten Zeit wieder aufhört, entschlossen wir uns, an Bord zu bleiben. Der Regen hörte dann auch nicht wieder auf und er dauerte auch noch an, als wir abends so gegen 22.00 Uhr den Hafen wieder verließen.
Stockdunkel und regnerisch war es als wir ablegten. > Das sind solche Momente, wo ich lieber in der Maschine arbeiten würde < meinte der Kapitän, als er klöternass aus der Brückennock kommend das Ruderhaus betrat, seine Regenjacke auf den nächsten Haken hängte und auf seinem Sessel vor dem Radar Platz nahm.
Bei diesem Wetter wäre aus meiner Sicht eine Nachtfahrt ohne Radarhilfe auf der gewundenen Schelde, noch dazu bei regem Schiffsverkehr, eher ein Abenteuer gewesen. Ein revierkundiger Lotse aber, das unterstützende Radarbild sowie eine gehörige Portion Erfahrung seitens des Kapitäns, ließen die Revierfahrt dann doch wieder zu einer Routineangelegenheit werden. Für mich jedoch als stillen Beobachter wurde sie erneut zu einem interessanten Erlebnis.
Als ich mich schließlich aufmachte die Brücke zu verlassen um in die Koje zu gehen, war es wieder einmal 1.00 Uhr geworden.

Auf See und auch, wie gerade geschildert, während der Revierfahrt, ist das Radar ein nicht zu übertreffendes Hilfsmittel für den Wachoffizier auf der Brücke. Insbesondere bei schlechter Sicht verschafft das Radarbild dem Wachhabenden einen genauen Überblick über die Verkehrslage sowohl in der näheren Umgebung als auch im weiteren Umfeld des Schiffes.
Noch bevor man die Konturen oder die Positionslichter eines entgegenkommenden Schiffes bei Dunkelheit oder bei unsichtigem Wetter überhaupt zu Gesicht bekommt, erscheint es bereits als Radarecho auf dem Radar-Bildschirm. So ist schon recht früh zu erkennen, wie beide Kurse zueinander verlaufen. Im Zweifelsfall kann das Radarecho des anderen Schiffes mit ARPA akquiriert werden, wie es in der Fachsprache heißt. Dabei werden mit Hilfe eines Rechenprogramms alle relevanten Daten ermittelt, die dann in einem Sichtfeld auf dem Bildschirm des Radars angezeigt werden. So weiß der wachhabende Offizier schon nach kurzer Zeit zum Beispiel über die CPA-Option, wie nahe sich beide Schiffe während der Begegnung kommen werden, wenn sie sich weiterhin auf demselben Kurs bewegen. Weitere Optionen wie SPEED oder TCO geben Auskunft über die Geschwindigkeit des anderen Schiffes, sowie dessen momentanen Kurs. Auch der Zeitpunkt der Begegnung TCPA wird angezeigt. Da sich nun beide Schiffe aufeinander zu bewegen, verändern sich natürlich laufend der Abstand, der Zeitpunkt der Begegnung und auch die Peilung, also der Winkel zum anderen Schiff. Der Rechner ist aber in der Lage, jede Veränderung in sekundenschnelle neu zu errechnen und zur Anzeige zu bringen.

Am Tage jedoch dient das Radarbild eher als unterstützendes Element, denn visuelle Wahrnehmungen sind immer besser für die Entscheidungsfindung, fügte der Erste noch ergänzend hinzu.
Diese interessante Einführung über einige der Möglichkeiten des Radars erhielt ich vom 1. Offizier, als ich am nächsten Morgen noch vor dem Frühstück auf der Brücke erschien.

Der Regen vom Vortag hatte aufgehört. Es versprach ein schöner Tag zu werden und in dem Bewusstsein, mehr als siebzehn Tage kein Land mehr unter die Füße zu bekommen, ging ich hinunter in die Messe, wo Moni und Heinz bereits beim Frühstück saßen und auf mich warteten. Nach dem Frühstück gingen Moni und ich, trotz des schönen Wetters noch warm verpackt, nach vorn zum Backdeck, um einen ersten Blick über die Verschanzung zu werfen.Wir befanden uns im Englischen Kanal und es herrschte reger Schiffsverkehr. Die Kreidefelsen von Dover leuchteten in der Morgensonne zu uns herüber.

Im Übrigen sollte das Backdeck während der ganzen Reise unser bevorzugter Platz werden, an dem wir uns tagsüber gerne aufhielten. Aber darüber später mehr.

Gegen Mittag fing es an aufzubrisen und der Wind sollte im Verlauf des Nachmittags noch um einiges zunehmen. Am südlichen Ausgang des Englischen Kanals, den wir am späten Nachmittag erreichten, traf uns zum ersten Mal die lange atlantische Dünung, die unser Schiff dann auch ordentlich zum Schaukeln brachte. Moni ging es denn auch im Verlaufe des Abends nicht mehr ganz so gut, weshalb sie sich nach Einnahme einer Tablette gegen Seekrankheit hinlegte.
Die Sonne, die trotz des starken Windes den ganzen Tag geschienen hatte, wollte gerade unter gehen als ich die Brücke betrat. Ein Blick auf die Seekarte, die ausgebreitet auf dem Kartentisch lag, zeigte mir, dass wir gerade im Begriff waren, die Bretonische Küste bei Brest zu umrunden und dass wir uns dabei im Verkehrstrennungsgebiet bei Ushant befanden.

Verkehrstrennungsgebiete sind die Autobahnen der Meere, wie es in der Fachsprache heißt. Schwere Tankerunglücke in der Vergangenheit, mit den bekannten ökologischen Folgen, haben auch an der bretonischen Küste dazu geführt, dass alle Schiffe in geordneten Bahnen an der Nordwestecke der Bretagne vorbei geführt werden. So werden die von Nord nach Süd verkehrenden Schiffe jeweils auf einer eigenen "Spur" in sicherem Abstand an die von Süd nach Nord verkehrenden Schiffe vorbeigeführt. Auf dem Radarbildschirm werden die Grenzen der Trennzonen als geplottete Linien angezeigt. Die Beachtung der Trennlinien ist oberstes Gebot. Bei Nichtbeachtung werden drastische Strafen verhängt. Alle Schiffsführungen müssen sich daher vor Einfahrt in ein Verkehrstrennungsgebiet mit Schiffsnamen, Rufnummer und derzeitiger Position bei einer Radar gestützten Leitstelle, in diesem Fall bei Ushant Traffic, anmelden.
Nachdem wir uns also über UKW angemeldet hatten, wurde zunächst nach Schiffstyp und unserem Tiefgang gefragt. Auch wollte man wissen woher wir kamen und welches unser nächster Anlaufhafen ist. Zu guter Letzt interessierte noch die Anzahl Personen die sich an Bord befanden und insbesondere woraus die Ladung bestand. Sofern sich Dangerous Cargo, also Gefahrgut an Bord befand, mussten genaue Angaben über die Anzahl der Gefahrgutcontainer sowie deren Inhalt gemacht werden. So ist denn die Leitstelle über jedes Schiff bestens informiert und kann im Falle einer Havarie ganz gezielt Rettungskräfte mit der richtigen Ausrüstung und den geeigneten Rettungsmitteln aussenden.
Auf dem Radar-Bildschirm war dann auch gut zu verfolgen, wie alle Schiffe in geordneten Bahnen, wie auf einer Perlenschnur aufgereiht, das Verkehrstrennungsgebiet befuhren und da das Durchfahren eines Verkehrstrennungsgebietes in der Regel mehrere Stunden dauert, verabschiedete ich mich irgendwann von der Brücke um nach "Hause" zu gehen. Es war mittlerweile 21.00 Uhr geworden, und weil Moni es weiterhin vorzog liegen zu bleiben, ging ich hinüber zu Heinz, wusste ich doch, dass er noch 'ne Flasche Bier im Kühlschrank hatte.

Vorbei an Cap Finistere, der nordwestlichen Ecke der Iberischen Halbinsel, führte uns unser Kurs mit 180 Grad am nächsten Tag direkt nach Süden, der Meerenge von Gibraltar entgegen.
Die Sonne ließ die Temperatur heute schon bis auf 13 Grad ansteigen und obgleich der Wind über Nacht nachgelassen hatte, ließ die atlantische Dünung unser Schiff immer noch ordentlich schaukeln. Moni ging es indes wieder besser, aber Heinz fing an uns Sorgen zu bereiten. Einsetzende Zahnschmerzen fingen

an ihn zu quälen und das zu einem Zeitpunkt, wo wir noch 16 Tage auf See, bis zum Erreichen unseres nächsten Anlaufhafens Singapur, vor uns hatten.

Mit einem Antibiotikum die Entzündung im Keim ersticken, hatte mir mein Zahnarzt geraten, als ich ihn anlässlich meines letzten Kontrollbesuches vor Antritt der Reise fragte, welche Möglichkeiten ich bei einsetzenden Zahnschmerzen hätte. 4 Mio. Einheiten wären in etwa die richtige Dosierung, und diese Zahl sollte ich mir merken.

Der 2. Offizier hatte gerade Brückenwache, als ich mich mit Heinz im Schlepptau an ihn wandte und das Problem darlegte. Heinz hatte mich gebeten, ihm als Dolmetscher zur Seite zu stehen. Mr. Castanares, so hieß nämlich der Zweite, fungierte als Gesundheitsoffizier an Bord. Nun muss man wissen, dass es auf Frachtschiffen keinen Schiffsarzt gibt. Ersatzweise dafür übernimmt ein ausgebildeter und geprüfter nautischer Offizier diese Funktion. In schweren Fällen erhält er Unterstützung durch funkärztliche Beratung. In seiner Verantwortung liegt auch die Betreuung der medizinischen Schiffsausrüstung, wozu alle Arzneimittel, Verbandsmittel und medizinischen Geräte gehören. Da seine tägliche Brückenwache jeweils bis 16.00 Uhr andauerte, verabredeten wir, uns danach im Hospital zu treffen. Ein Antibiotikum war dann auch schnell gefunden und nach Einnahme von 30 Tabletten im Verlaufe der nächsten 10 Tage war Heinz wieder schmerzfrei, und der Gedanke, in Singapur einen Zahnarzt aufzusuchen, verworfen.

Heute, am fünften Tag unserer Reise, sollten wir die Straße von Gibraltar erreichen. Es herrschte reger Schiffsverkehr. Während Moni und Heinz bei wolkenlosem Himmel draußen in der Brückennock standen, verfolgte ich am Radarbildschirm, wie wir uns in das Verkehrstrennungsgebiet einfädelten. Die afrikanische und die europäische Küste waren längst über der Kimm aufgetaucht und wuchsen im Verlaufe des Vormittags immer weiter zusammen. Sowohl Cadiz an Backbord als auch Tanger auf der Steuerbordseite, waren durch das Fernglas gut zu erkennen. Als wir dann später die Straße von Gibraltar passiert hatten und die Küsten wieder zurückwichen, verlor auch die lange atlantische Dünung ihre Wirkung. Die Schaukelei der letzten Tage hörte schlagartig auf.

Mehr als drei Tage Mittelmeerfahrt bis zum Erreichen des Sueskanals lagen jetzt vor uns. Vorbei an den Küsten Marokkos, Algeriens, Tunesiens und Libyens bahnte sich unser Schiff mit 22 Knoten Fahrt seinen Weg, vorbei an den Inseln Malta und Kreta bis nach Port Said, der nördlichen Einfahrt in den Sueskanal. Mit gleich bleibend 15 Grad Außentemperatur und bei mäßigem Wind, ließ es sich draußen an Deck schon recht gut aushalten. Nach einem langen Winter wusste man die ersten warmen Tage des Jahres sehr zu schätzen, insbesondere wenn man sich vor Augen hielt, dass der Monat März gerade erst begonnen hatte.

Während man als Passagier selbst entscheidet, wie lange ein Tag dauert und zu welchem Zeitpunkt man schließlich ins Bett geht und, abgesehen von den geregelten Mahlzeiten, den Tag auch noch selbst gestalten kann, ist die gesamte Mannschaft eines Schiffes, vom Kapitän bis hin zum Öler, fest eingebunden in einen geregelten Arbeitsablauf.
Nun stellt sich die Frage, wie sieht denn eigentlich solch ein Arbeitstag an Bord eines Frachtschiffes aus?
Früher wurde der Arbeitstag auf See vom Rhythmus des Wachwechsels bestimmt. Auf Schiffen der heutigen Generation jedoch ermöglicht modernste Technik, Teilbereiche des Schiffes, wie zum Beispiel den Maschinenraum, über Nacht wachfrei zu fahren. In solchen Fällen kontrolliert und registriert ein ausgeklügeltes Überwachungssystem alle relevanten Betriebsabläufe und meldet gegebenenfalls Betriebsstörungen in die Kammer des Dienst habenden Wachingenieurs. Am Tage gelten geregelte Arbeitszeiten, wie sie auch an Land üblich sind. So beginnt der Arbeitstag für die Besatzung, abgesehen von den nautischen Offizieren, die dem Dreiwachsystem unterliegen, morgens um 6.00 Uhr und endet abends um 18.00 Uhr.
Nun weiß wohl jeder der in irgendeiner Weise mit Schiffen zu tun hatte, dass es an Bord immer etwas zu reparieren und sei es nur, dass an irgendeiner Stelle der Rost wieder einmal durchgekommen ist. So verging denn auch nicht ein Tag, wo nicht irgendwo entrostet oder gepinselt wurde. Irgendwo roch es immer nach Farbe. Ein Schiff braucht ständig Pflege. Heute waren es die schwer laufenden Königsrollen, die leichtgängig gemacht werden mussten. Morgen mussten Ankerwinden, Spille, und Verholwinden abgeschmiert werden oder das Ladegeschirr bedurfte mal wieder einer intensiven Überprüfung.
Eine Vielzahl anderer Dinge wäre noch zu nennen.
Verantwortlich für die Arbeiten an Deck ist der 1. Offizier, der die Orders an den Bootsmann weitergibt. In regelmäßigen Gesprächen mit dem Kapitän wurde jeweils festgelegt, welche Arbeiten vordringlich zu erledigen waren.
Gewiss hatte das erst vier Jahre alte Schiff noch alle Vorzüge eines Neubaus, jedoch ist eine ständige Pflege die beste Voraussetzung für dessen Erhalt.
Und so sah man den Ersten immer mal wieder über Deck gehen und man konnte ihn dabei beobachten, wie er eifersüchtig über jeden Quadratmeter "seines" Schiffes wachte.
Auch im Maschinenraum lag immer irgendetwas auf den Flurplatten was repariert werden musste oder einer periodischen Wartung bedurfte.
Bei gravierenden Betriebsstörungen, die sich negativ auf den Fahrplan des Schiffes auswirken könnten, wurden von der Schiffsführung Überstunden angesetzt. Dabei spielte es keine Rolle, ob es nun gerade Sonntag oder ein Feiertag war.

Ein Schiff muss 24 Stunden am Tag einsatzbereit sein, sagte mir der Erste, denn der Eigner eines Schiffes erwartet die pünktliche Ankunft im nächsten Hafen.
Was die Brückenwache anging, so gelten in der großen Fahrt noch die alten Regeln nach dem Dreiwachsystem. So übergab der jeweils wachhabende nautische Offizier nach Ablauf von 4 Stunden die Wache an den Nächstfolgenden und hatte danach 8 Stunden Freiwache.
Obwohl unser Schiff mit einer so genannten Totmannschaltung ausgerüstet war, befand sich des Nachts außer dem Wachoffizier noch ein weiteres Crewmitglied als Ausguck auf der Brücke. Eigentlich erlaubt eine Totmannschaltung die Anwesenheit nur eines Wachoffiziers auf der Brücke, zwingt sie doch denjenigen, alle 12 Minuten eine Taste zu drücken, wodurch seine Anwesenheit bestätigt wird. Andernfalls würde sofort Alarm ausgelöst.
Auf hoher See wurde gewöhnlich der Autopilot eingeschaltet, der das Schiff automatisch auf dem vorgegebenen Kurs hielt. Jetzt hatte der Wachoffizier Gelegenheit, neben der regelmäßigen Kontrolle des Radarbildes und den stündlichen Eintragungen des Standortes in die Seekarte, oder der Aktualisierung des Logbuches, auch den üblichen Schreibkram zu erledigen. Da mussten Tagesberichte geschrieben werden, ankommende Telexe und Faxe bearbeitet und die verschiedensten Handbücher aufgrund gemeldeter Änderungen aktualisiert werden. Auch hier gäbe es noch eine Menge anderer Dinge zu nennen.
Bei anstehenden Manöverfahrten gab es weder Feierabend noch Freiwache. Dann waren schon lange vor Erreichen des nächsten Hafens alle Mann eingebunden in die Vorbereitungen für die anstehende Revierfahrt, die erst mit dem Festmachen des Schiffes an der Pier endete.

Am 7. Tag unserer Reise hatten wir auf unserer Fahrt durch das Mittelmeer 15 Grad östlicher Länge überschritten, weshalb unsere Uhren zum ersten Mal um eine Stunde vorgestellt werden mussten. Sizilien lag an unserer Backbordseite und die Insel Malta an Steuerbord. Eine Woche sind wir nun schon unterwegs. Bei weiterhin angenehmen 15 Grad Außentemperatur und mäßigem Wind, verbrachten wir die meiste Zeit draußen an Deck.
Dass nichts so unbeständig ist wie das Wetter, zeigte sich einmal mehr, als wir uns am nächsten Tag südlich von Kreta befanden. Der Morgen begann noch recht viel versprechend mit Sonnenschein und den bereits üblichen 15 Grad.
Während wir noch beim Frühstück saßen, lud uns der Chiefingenieur ein, den Maschinenraum zu besichtigen.
Auf dem Weg dorthin gelangte man zunächst in den schallgeschützten und klimatisierten Maschinenkontrollraum. In diesem Teil des Maschinenraumes laufen alle zur Überwachung der Maschinenanlage erforderlichen Daten wie zum Beispiel Drücke, Temperaturen, Drehzahlen und noch vieles mehr, auf. Sie werden dort angezeigt und in einer Datenerfassungsanlage registriert. Vom Maschinenkontrollraum werden nicht nur die Hauptmaschine oder die Dieselgeneratoren bedient, sondern von hier aus werden auch alle für den Schiffsbetrieb erforderlichen Aggregate wie Pumpen, Verdichter, Gebläse oder Kesselanlagen geschaltet und überwacht. Im Maschinenkontrollraum weiterhin untergebracht ist eine Hauptschalttafel, in der die von den Dieselgeneratoren gelieferte elektrische Energie zusammengefasst und auf die einzelnen Verbraucher oder Verbrauchergruppen aufgeteilt wird. Als zentrale Überwachungsstelle gilt der Maschinenleitstand, von wo aus über Fernanzeigegeräte die Funktion der Anlagen und Anlagenteile überwacht wird.

Durch eine große Glasscheibe hatte man Einblick in den eigentlichen Maschinenraum, wo das Kernstück, ein 8–Zylinder Dieselmotor mit einer Leistung von 44.000 PS, seine Arbeit verrichtete.

Vom schallgeschützten Maschinenkontrollraum hatte man direkten Zugang zum Maschinenraum. Als wir die schallgeschützte Tür dorthin öffneten, sprang uns eine Wand aus ohrenbetäubendem Lärm und brüllender Hitze an. Temperaturen von bis zu 50 Grad in den Tropen sind nichts Außergewöhnliches, teilte mir der Chief später mit, weshalb dieser Ort auch ketzerisch "Zeche Elend" genannt wurde. An Unterhaltung war nicht mehr zu denken und so erfolgte die weitere Kommunikation ausschließlich durch Gestik und Handzeichen. Stand man ganz unten auf den Flurplatten, dort wo sich die Schiffswellenanlage befand, offenbarte sich erst die gewaltige Dimension des Maschinenraumes, in dem mit Leichtigkeit ein dreistöckiges Wohnhaus hätte Platz finden können.
Ein eigenes Kraftwerk, bestehend aus drei Dieselgeneratoren, mit jeweils 1000 KW elektrischer Leistung, versorgte das Schiff mit Strom und eine Frischwasseraufbereitungsanlage lieferte genügend Süßwasser für den täglichen Bedarf. Bedient und betreut wurde das alles und noch vieles mehr, von drei Schiffsingenieuren sowie einer Anzahl philippinischer Hilfskräfte.

Inzwischen hatte es sich draußen total zugezogen. Der Wind hatte aufgefrischt und es wurde auf einmal empfindlich kalt. An einen Aufenthalt draußen an Deck war für heute nicht mehr zu denken. Mit mehr als 22 Knoten Fahrt "fegte" unser Schiff bei achterlichem Wind durch das östliche Mittelmeer. Unser Kapitän wollte unbedingt noch den morgen früh von Port Said abgehenden Konvoi durch den Sueskanal erreichen.
Nach einer Nacht, in der wir wegen des schlechten Wetters und der damit verbundenen Schaukelei nur wenig Schlaf fanden, erreichten wir morgens um 9.00 Uhr die Reede von Port Said. Leider zu spät. Der Konvoi war schon unterwegs durch den Sueskanal.

Die im Jahre 1859, also mit dem Bau des Sueskanals, gegründete Stadt Port Said ist mittlerweile zur zweitgrößten Stadt Ägyptens angewachsen. Sie liegt an der nördlichen Zufahrt zum Sueskanal. Die Stadt wurde im Verlauf der Kampfhandlungen mit Israel während des Juni– Krieges 1967 und des Oktober– Krieges im Jahre 1973 hart getroffen und musste darüber hinaus während der siebenjährigen Schließung des Sueskanals schwere finanzielle Einbußen hinnehmen. Erst 1975 begann man mit dem Wiederaufbau und Port Said fing an, sich wieder zu erholen.

Außer uns lagen noch eine ganze Anzahl weiterer Schiffe vor Anker und es kamen über Tag noch mehr hinzu.
Der Kapitän nahm es gelassen und weil wir sowieso bis zum nächsten Morgen vor Anker liegen mussten, ordnete er auch gleich für den Nachmittag eine Rettungsübung an.
Vorher jedoch lud er mich noch zu einem Drink in seine Kammer ein, die wir dann auch für etwa zwei Stunden nicht wieder verlassen sollten.
Ich begab mich also zum vereinbarten Zeitpunkt nach oben aufs Kapitänsdeck. Seine Kammer lag, wie ich bereits berichtete, ein Deck höher, direkt über unserer Kammer. Er saß an seinem Schreibtisch vor seinem PC und nahm mich erst wahr, als ich an die geöffnete Kammertür klopfte. Freundlich bat er mich hereinzukommen und auf dem Sofa Platz zu nehmen. Während er die Drinks vorbereitete, nutzte ich die Gelegenheit, mich in seiner Kammer umzusehen. Jeweils zwei große Fenster nach vorn und zur Seite erhellten den Raum.

Während noch ein Deck tiefer die oberste Containerlage den Blick nach vorn verwehrte, hatte man von hier oben einen herrlichen Blick über das ganze Vorschiff. Der Zuschnitt der Kammer war derselbe wie bei uns, hatte aber wenig gemein mit einem Wohnraum. Vielmehr hatte seine Kammer Ähnlichkeit mit einem Büro, wäre da nicht die gemütliche Couchecke mit dem niedrigen Couchtisch gewesen, auf den er jetzt die fertigen Drinks platzierte. Bilder mit fernöstlichen Motiven an den Wänden sowie ein paar Grünpflanzen waren weitere Zugeständnisse an sein Verständnis für Wohnkultur. Ich fand es jedenfalls ausgesprochen gemütlich und ließ es den Alten auch wissen. So entwickelte sich während der nächsten zwei Stunden ein interessantes Gespräch, in dessen Verlauf auch über private Dinge gesprochen wurde.

Überlieferte Vorstellungen vom Kapitän mit bärtigem Gesicht und weißen Haaren, dabei unnahbar und patriarchalisch seinen Dienst verrichtend, war zumindest auf diesem Schiff ein Anachronismus. Zu dieser Erkenntnis kam ich spätestens, nachdem ich seine Kammer verlassen hatte. Souverän und mit viel Sachverstand führte er sein Schiff. Sein Verständnis von Menschenführung manifestierte sich denn auch in einer spürbaren Lockerheit, mit der ein jeder an Bord seinen Dienst verrichtete. Dabei erfolgte die Umsetzung seiner Orders auf jeder Ebene, angefangen beim 1. Offizier bis hinunter zum letzten Öler, auf absolut professionelle Weise. Und wer da meinte, seine kumpelhafte Art in irgendeiner Weise zu seinem Vorteil nutzen zu können, sah sich spätestens nach dem ersten Anpfiff eines besseren belehrt. Er betrachtete sein Schiff wie ein anderer sein privates Boot und so gab es nicht einen Tag, an dem nicht irgendwo an Bord gemalt oder geputzt wurde. Entsprechend gepflegt war dann auch das äußere Erscheinungsbild dieses Schiffes.
Und innen glänzten die Flure auf jeder Etage, und wüsste man nicht, dass das Schiff bereits vier Jahre alt ist, man gewänne den Eindruck, es wäre gerade von der Bauwerft gekommen.

Eingeleitet wurde die Rettungsübung am Nachmittag durch ein sich mehrfach wiederholendes Sirenensignal. Und da die Übung ja bereits am Vormittag angekündigt worden war, standen wir drei Passagiere bereits mit angelegter Rettungsweste auf dem Gang vor unserer Kammer, als das Signal ertönte.

Wir machten uns also sogleich auf den Weg zum Sammelplatz oben auf dem Brückendeck, wo dann auch innerhalb weniger Minuten alle weiteren Besatzungsmitglieder, ebenfalls mit angelegten Schwimmwesten, eintrafen. Zur Feststellung der Vollzähligkeit wurden zunächst alle Besatzungsmitglieder, einschließlich Passagiere, namentlich aufgerufen. Davon ausgenommen war nur unser Kapitän. Der hatte während der Übung die Brückenwache übernommen.
In einem Notfall hat jedes Besatzungsmitglied eine bestimmte Aufgabe zu erfüllen, dessen Ausführung einen gewissen Kenntnisstand voraussetzt. So begann denn der 2. Offizier zunächst damit, die einzelnen Besatzungsmitglieder anhand einer Liste der Reihe nach zu befragen.
Zum anschließenden Aussetzen der Rettungsboote begaben wir uns gemeinsam zum Bootsdeck, wo die Rettungsboote noch gut gelascht in ihren Davits saßen. Die für das Aussetzen der Boote zugeteilten Besatzungsmitglieder begannen zunächst damit, unter Aufsicht des 1. Offiziers, ein Rettungsboot aus seinen Laschings zu lösen, um es danach auszuschwenken und wegzufieren. Noch bevor das Boot die Wasserfläche berührte, wurde es wieder eingeholt und nachdem es wieder gut vertäut in seinem Davit hing, wiederholte sich das gleiche Manöver noch einmal auf der anderen Seite des Schiffes. Auch dieses zweite Aussetzmanöver schien zur Zufriedenheit des Ersten geklappt zu haben, denn er erklärte die Rettungsübung kurzer hand für beendet. Jedes Besatzungsmitglied nahm danach seine eigentliche Tätigkeit wieder auf. Auch wir Passagiere machten wieder das, was wir bereits während der vergangenen Tage gemacht hatten, nämlich Urlaub.

Als ich am nächsten Morgen um 7.00 Uhr auf der Brücke erschien, befanden wir uns bereits im Sueskanal. Der Himmel war noch immer bedeckt und es war mit 6 Grad über Nacht empfindlich kalt geworden. Und das in Ägypten! Aber was machte es schon, wusste ich doch, dass es spätestens am anderen Ende des Kanals wieder wärmer werden würde.

Außer einem dickleibigen ägyptischen Lotsen befanden sich noch der Kapitän sowie der 1. Offizier und ein Rudergänger auf der Brücke. Nach dem Frühstück kamen auch Moni und Heinz nach oben und gemeinsam genossen wir aus der Höhe den Ausblick auf den Kanal, an dessen linkem Ufer die Wüste Sinai begann.

Der im Jahre 1869 unter der Leitung des französischen Diplomaten Ferdinand Lesseps fertig gestellte Sueskanal durchschneidet die Landenge zwischen dem Mittelmeer und dem Roten Meer an ihrer schmalsten Stelle, wodurch sich der Seeweg nach Ostasien um bis zu 10.000 Kilometer verkürzt hat. Die schleusenlose Großschifffahrtsstraße gilt seitdem als Hauptschlagader des Weltverkehrs.

Als im Jahre 1967 während des Juni– Krieges israelische Truppenverbände bis zum Sueskanal vordrangen, wurde der Kanal geschlossen. Sämtliche Schiffe, die sich zu diesem Zeitpunkt gerade im Kanal befanden, saßen danach für sieben Jahre im großen Bittersee fest. Nach der Truppenentflechtung im Jahre 1974 wurde mit der Räumung der Schiffswracks begonnen, die als Sperre in den Zufahrten zum Bittersee versenkt worden waren. Erst danach konnten die eingeschlossenen Schiffe ihre Fahrt wieder fortsetzen. Nach Ablauf eines weiteren Jahres wurde der Sueskanal dann auch für die internationale Schifffahrt wieder frei gegeben.

Unmengen von Kriegsschrott, als sichtbares Zeichen vergangener Kampfhandlungen, finden sich auch heute noch insbesondere am Ufer des Sinai.

Als unser aus sieben Großschiffen bestehender Konvoi so gegen 10.00 Uhr in den großen Bittersee einlief, riss die Wolkendecke endlich auf und es wurde auch gleich wieder wärmer.

Pullover und wärmende Jacken verschwanden denn auch für die nächsten fünf Wochen in der untersten Schublade unserer Kommode.
Seit Fertigstellung des Sueskanals dient der große Bittersee als Ausweichstelle für die von Norden und Süden kommenden Schiffskonvois. So muss der jeweils zuerst eintreffende Konvoi solange warten, oder vor Anker gehen, bis der später eintreffende Konvoi ebenfalls den Bittersee erreicht hat.
Mit langsamer Fahrt folgten wir zunächst der markierten Fahrrinne durch den Bittersee, während von Süden her auch schon die ersten Schiffe des Gegenkonvois auftauchten. Neun Schiffe zählte ich. Darunter waren Tankschiffe, Bulkcarrier, Containerschiffe sowie Stückgutfrachter.

Nachdem uns das letzte Schiff des nordwärts gehenden Konvois in sicherem Abstand passiert hatte, konnten auch wir unsere Fahrt ungehindert nach Süden in Richtung Rotes Meer fortsetzen. Weitere drei Stunden Kanalfahrt lagen noch vor uns. Zur Linken die Weite des Sinai, dessen Wüstensand den Kanalbaggern lebenslange Beschäftigung garantiert und zur Rechten das üppige Grün der Plantagen Ägyptens.
Militärische Präsenz war allgegenwärtig. Alle 500 Meter sah man einen bewaffneten ägyptischen Doppelposten mit Blick nach Osten am Ufer stehen. Eine Vielzahl Garnisonen reihten sich aneinander, motorisierte Schwimmpontons, die in kürzester Zeit einen Brückenschlag zum Sinai herstellen könnten, lagen bereit und auch schweres Gerät lag einsatzbereit in Sichtweite des Kanals.
Mögen die verantwortlichen Politiker auch weiterhin über genügend Weitsicht verfügen und eine erneute militärische Auseinandersetzung mit Israel zu verhindern wissen.
Nachmittags um 14.15 Uhr, also nach mehr als elfstündiger Kanalfahrt, erreichten wir bei schönstem Wetter die am Fuße des Ataka–Gebirges gelegene Stadt Sues und damit das südliche Ende des Sueskanals.

Auch die Stadt Sues musste, wie Port Said, während der Kampfhandlungen mit Israel schwere Zerstörungen hinnehmen. Sie hatte jedoch während der siebenjährigen Schließung des Kanals nicht den wirtschaftlichen Einbruch wie Port Said, ist sie doch seit alters her Durchgangsstation für Mekkapilger.

Ein großartiger Anblick war es schon, als wir mit langsamer Fahrt an den bis unmittelbar an die Uferkante heran gebauten Häuserzeilen der Stadt vorbei fuhren. Wir Passagiere standen oben in der Brückennock und ich filmte, was das Zeug hielt. So kostete dann auch der Blick aus 40 Metern Höhe über die Dächer der Stadt so manchen Meter Film.

Nachdem der Kanallotse mit angemessenem Bakschisch versehen unser Schiff verlassen hatte und auch die ägyptische Gastflagge eingeholt worden war, nahmen wir wieder Fahrt auf. Mit Kurs 170 Grad begann ein weiteres Teilstück unserer langen Reise in den fernen Osten. Voraussichtlich drei Tage sollte die Fahrt durch das mehr als 2.000 Kilometer lange Rote Meer dauern, teilte mir der 1. Offizier mit.
Doch zunächst befanden wir uns noch im Golf von Sues, wie die nordwestliche Spitze des Roten Meeres genannt wird.

Eingerahmt von der Sinaihalbinsel auf der asiatischen Seite und dem auf der afrikanischen Seite gelegenen Atakagebirge lag der Golf vor uns. Er war angefüllt mit einer Vielzahl vor Anker liegender Schiffe, die entweder auf Reede lagen, oder auf die Durchfahrt durch den Sueskanal warteten. Hinzu kamen die Schiffe aus unserem Konvoi, die sich in der markierten Fahrrinne ihren Weg nach Süden bahnten.
Der Alte, wie der Kapitän im Sprachgebrauch auch genannt wird, befand sich nun schon seit 15 Stunden auf der Brücke und machte immer noch keine Anstalten, diese zu verlassen. Erst nachdem sich die Verkehrslage weitestgehend entspannt hatte, übergab er das Kommando an den 1. Offizier und verließ die Brücke um nach Hause zu gehen. Bevor wir nach Hause, also in unsere Kammer, gingen, machten wir noch den kleinen Umweg über die Messe um das abendliche Dinner einzunehmen.
Es war schon dunkel geworden, als Heinz noch zu uns rüber in die Kammer kam, um mit uns bei einem Bier gemeinsam Erlebtes aufzuarbeiten. Heute, am neunten Tag unserer Reise, mussten die Uhren erneut um eine Stunde vorgestellt werden und so suchten wir dann auch bald darauf unsere Koje auf.

Das Thermometer zeigte bereits 20 Grad an, als ich am nächsten Morgen um 7.00 Uhr auf der Brücke erschien. Und wie an jedem Morgen stand Moni auch heute erst auf, nachdem ich unsere Kammer verlassen hatte, wodurch die Gefahr einen Kollision im Bad verringert wurde. Ich nutzte die Stunde bis zum Frühstück gern, um erste Nachrichten über die Deutsche Welle zu hören und einen ersten Plausch mit dem Wachhabenden zu führen. Dabei hatte ich Gelegenheit Fragen zu stellen und konnte die Antworten wegen ihrer Authentizität direkt in das Manuskript für diesen Bericht einfließen lassen.
Ich räumte erst dann das Feld, wenn so gegen viertel vor Acht der Alte auf die Brücke kam, um sich über den Stand der Dinge zu informieren und die ersten über Nacht eingegangenen Faxe und Telexe zu lesen.
Unterdessen saßen Moni und Heinz unten in der Messe und warteten auf mein Erscheinen. So konnte ich dann jeweils aktuell über das Weltgeschehen berichten und Aussagen über unseren Standort und das Wetter machen.

Bei herrlichem Sonnenschein verbrachten wir den heutigen Vormittag vorn auf dem Backdeck. Nur mit dem nötigsten bekleidet ließ es sich dort bei leichter Brise bestens aushalten. Die Temperatur sollte im Verlaufe des Tages noch bis auf 28 Grad ansteigen. Auf südsüdöstlichem Kurs fuhren wir vorbei an Djidda in Saudi Arabien, wohin es Freunde von uns aus beruflichen Gründen verschlagen hat. Ein Fax an sie hatte ich längst vorbereitet, als wir am späten Nachmittag auf Höhe von Djidda waren und ich den Ersten bat, es loszuschicken.
Im Übrigen nutzten wir diese Möglichkeit der Kommunikation mindestens einmal in der Woche, um mit unseren Freunden in Dithmarschen in Verbindung zu treten. So kannten sie unseren jeweiligen Standort, und wir erfuhren Neuigkeiten aus der Region und freuten uns jedes Mal insbesondere über die Nachricht, dass bei uns zu Hause alles in Ordnung war.
Auf dem Weg zum abendlichen Dinner sprach mich im Treppenhaus einer der philippinischen Matrosen an, ob wir nicht Lust hätten, am Abend an einer Party im Aufenthaltsraum der Mannschaft teilzunehmen.
Wir sagten natürlich zu.
Als wir zum vereinbarten Zeitpunkt den Mannschaftsraum betraten, wurden wir von der bereits anwesenden Crew freundlich begrüßt. Jetzt erfuhren wir auch den Grund für die Party. Es sollte die Geburtstagsfeier des Matrosen sein, der uns eingeladen hatte. Die Plätze waren schnell verteilt und genau so schnell hielten wir unseren ersten Drink in Händen. Nicht viel später erschien dann auch der Kapitän, der mit ebensoviel Hallo empfangen wurde. Auch Cooki, unser polnischer Koch, ließ es sich nicht nehmen, an dieser Party teilzunehmen.
Es sei an dieser Stelle verraten, dass uns drei Passagiere mit Cooki im Verlauf der Reise ein besonders gutes Verhältnis verband.
Der ebenfalls anwesende 3. Offizier verließ die Party bereits wieder nach einer Stunde, denn er musste seinen Wachdienst um 20.00 Uhr auf der Brücke antreten. Wenig später erschien dafür der 1. Offizier, der seine Wache an den Dritten übergeben hatte. So verging der Abend bei zünftigem Gitarrenspiel recht kurzweilig und es zeigte sich einmal mehr, dass Musik, wo auch immer sie erklingt, gleichsam als verbindendes Element zwischen den Nationen dienen kann, denn immerhin bemühten sich hier außer uns deutschen noch weitere vier Nationen um harmonischen Gleichklang. Musik ist eben immer noch eine Sprache, die Menschen aller Nationen verstehen.
Viel später wurde das Ganze dann noch getoppt durch Karaoke, einer im Fernen Osten sehr beliebten Form der Interpretation von Gesang.
Um nun aus dem Mannschaftsraum ein "Tonstudio" zu machen, bedurfte es zunächst eines mit dem Fernsehgerät gekoppelten DVD-Players sowie eines Mikrofons. Aber solche Dinge waren natürlich auf einem mit philippinischer Besatzung fahrenden Schiff vorhanden. Auch gab es einen guten Vorrat an DVD`s mit Melodien bekannter Interpreten.
Nun galt es nur noch jemanden zu finden, der bereit war, vor versammelter Mannschaft, mit dem Mikrofon bewappnet, nach der eingespielten Melodie zu singen und unter Verwendung des auf dem Fernseher eingespielten Textes den Interpreten, so gut es eben ging, zu kopieren. Dass es dabei sehr viel zu lachen gab, versteht sich von selbst.
Auch ich war dann irgendwann an der Reihe. Mit sehr viel Schmalz in der Stimme bemühte ich mich redlich, Engelbert mit Hilfe des Textes " Please release me let me go" zu interpretieren, was denn auch zu wahren Lachsalven führte und schließlich mit viel Gejohle belohnt wurde.

Nach einem schönen Abend verließen wir so gegen Mitternacht die Party und so manchem Partybesucher taten wohl danach die Bauchmuskeln vom vielen Lachen weh.

Bab el Mandab heißt der südliche Ausgang des Roten Meeres, den wir am zwölften Tag unserer Reise spät abends erreichten. Diese Meerenge zwischen der südwestlichen Spitze Saudi Arabiens und Somalia verbindet das Rote Meer mit dem Golf von Aden.
Nach einer Überlieferung sahen hier die aus Afrika in den Jemen verschleppten Sklaven zum letzten Mal die heimatliche Küste, weshalb diese Meerenge auch das " Tal der Tränen " genannt wird.
Wegen des großen Schiffsverkehrs war auch diese Meerenge als Verkehrstrennungsgebiet ausgewiesen, was das Navigieren mit Radarunterstützung erheblich erleichterte. Wie an anderer Stelle bereits geschildert, wurden auch hier alle Schiffe in Trennzonen aneinander vorbeigeführt.
Es war wieder einmal fast Mitternacht, als ich die Brücke verließ um nach Hause zu gehen, wo Moni noch auf dem Sofa lag und las. Auch heute mussten die Uhren erneut um eine weitere Stunde vorgestellt werden und so war es wieder einmal 1.00 Uhr, als wir schließlich ins Bett kamen. Morgen würde es erneut spät werden, das wussten wir bereits, denn für morgen war ein Spanferkelessen angesetzt.

Im Golf von Aden herrschten morgens um halb acht bereits 25 Grad im Schatten und so zog es uns schon gleich nach dem Frühstück zum Vorschiff, wo wir den Vormittag in aller Ruhe verbringen wollten. Offensichtlich hatte sich der Kapitän wegen der ruhigen See eine weitere Alarmübung einfallen lassen, von der wir Passagiere aber nichts wussten.

Feuer an Bord ! Grell schrillte die Alarmsirene durch das Schiff. Mit seinem Tiefen Bass dröhnte über uns vom Vormast das Typhon eine Abfolge von jeweils zwei kurzen Tönen hinaus aufs Meer und ließ uns, die wir auf dem Backdeck in unseren Deckstühlen saßen, aufschrecken. Jeder wusste, was das zu bedeuten hatte. Soweit der Einzelne nicht unbedingt auf seinem Posten bleiben musste, um den Schiffsbetrieb aufrecht zu erhalten, begab er sich mit angelegter Schwimmweste auf dem kürzesten Weg zum Sammelpunkt auf dem Brückendeck. Auch wir rannten, leicht bekleidet wie wir waren, zunächst die 200

Meter über das steuerbordseitige Gangbord zurück zu den Aufbauten, erreichten über die außen liegenden Treppen das E-Deck, griffen unsere Rettungswesten, um dann wenig später ebenfalls am Sammelpunkt zu erscheinen. Dort angekommen, verfolgten wir zunächst interessiert die Musterung des bereits angetretenen Feuerlöschtrupps durch den 2. Offizier.
Nach dem theoretischen Teil sollte eine praktische Übung folgen. Hierzu begaben sich alle Anwesenden zum Achterschiff, wo ein kontrolliertes Feuer in einer Stahlwanne entfacht wurde, das dann von Mitgliedern des Feuerlöschtrupps gelöscht werden sollte. Eine weitere Übung bestand darin, ein Mitglied des Löschtrupps, ausgerüstet mit Atemschutzmaske und Sauerstoffflasche, in einen feuerfesten Overall zu kleiden. Hierzu bedurfte es jedoch der tatkräftigen Unterstützung einiger Crewmitglieder. Das äußere Erscheinungsbild des Matrosen sowie seine Motorik erweckten bei mir Erinnerungen an den in seinem Raumanzug gekleideten amerikanischen Astronauten Neil Armstrong, bei dessen ersten Mondspaziergang.

Die abschließende Deckwäsche bereitete den Crewmitgliedern bei der hohen Außentemperatur offensichtliches Vergnügen, denn ein armdicker Wasserstrahl aus der Feuerlöschleitung reichte aus, das allgemeine Aufklaren in einer wahren Wasserschlacht enden zu lassen.
Gleich nach dem Lunch wurde auf dem B-Deck mit den ersten Vorbereitungen für das bereits gestern angekündigte Spanferkelessen begonnen. Hierzu wurde zunächst von Mitgliedern der Deckscrew ein aus Bordmitteln gefertigter Grill aufgestellt und anschließend mit Holzkohle beschickt. Da Holzkohle bekanntlich mit Brandbeschleuniger besser brennt, stand natürlich eine Kiste Bier bereit. Unser Cooki hatte das Spanferkel bereits am Vormittag bratfertig zubereitet, und als dann die Glut so richtig entfacht war, wurde es mit viel Hallo auf den Drehspieß geschoben. Vier Stunden wurde es jetzt, im ständigen Wechsel, von Decksleuten über der Glut gedreht. Während es sich in dieser Zeit appetitlich braun verfärbte, hatten andere zwischenzeitlich oben auf dem E-Deck Tische und Bänke aufgestellt. Bunte Lampenketten wurden aufgehängt, gefüllte Salatschüsseln aus der Kombüse nach oben getragen und Baguette, Soßen und andere lukullische Dinge füllten nach und nach die Tische.

Getränke wurden sowohl von der Besatzung als auch von uns Passagieren beigesteuert.
Ganz allmählich füllte sich das E-Deck und auch wir Passagiere warteten mit einem Drink in der Hand auf den " Hauptdarsteller". Unter großem Jubel wurde wenig später das fertige Spanferkel heraufgebracht, um anschließend vom Koch fachgerecht in Portionen zerlegt zu werden.

Als wir dann mit einsetzender Dunkelheit unsere Plätze eingenommen hatten und sich der Tag mit einem herrlichen Sonnenuntergang verabschiedete, passierten wir gerade das Horn von Afrika. Noch während der Feier sollten wir den Indischen Ozean erreichen.
Wir ließen es uns bereits eine ganze Weile bei eingespielter Musik gut schmecken, als auch unser Kapitän auftauchte und sich zu uns gesellte. Während es für den größten Teil der Besatzung eine lange fröhliche Nacht werden sollte, verrichteten andere oben auf der Brücke ihren verantwortungsvollen Dienst. Und als das Fest dann irgendwann seinen Abschluss fand, gab es niemanden in der Nachbarschaft, der sich etwa über den Lärm beschwert hätte. Auch musste sich niemand mehr ins Auto setzen, um nach Hause zu kommen.

Wir drei Passagiere hatten irgendwann unseren bevorzugten Platz an Bord dieses großen Schiffes gefunden. Heinz fand man tagsüber in der Regel auf dem A-Deck. Moni und mich zog es eher nach vorn zum Backdeck. Meinen Lieblingsplatz fand ich oben auf einen der beiden Windenfahrstände. Bei Manövern steht dort ein Besatzungsmitglied, um von dort aus die Mooringwinden zu bedienen. Windrichtung und Sonnenstand waren ausschlaggebend, welchen der beiden Fahrstände ich schließlich nutzte. Man saß dort ähnlich wie auf einem Hochsitz und hatte dabei einen ungehinderten Ausblick über das Schanzkleid hinaus auf die See. Eine in diesem Bereich hochgezogenen Reling verhinderte, dass man über Bord ging.

Es war jeweils ein ziemlicher Weg, um an diesen Ort zu gelangen. Aber Zeit hatten wir ja zur Genüge. Verließ man die Aufbauten und machte sich auf den langen Weg zum Vorschiff, so spürte man bereits nach etwa 100 Metern Fußmarsch, wie sämtliche Geräusche und Vibrationen nachließen. Folgte man dem Gangbord bis zum Aufgang, der hinaufführte zum Vorschiff und betrat schließlich das Backdeck, hörten man nur noch das Rauschen der Bugwelle und das leise Pfeifen des Windes in den Stagen. Und hatte man es sich dann im Deckstuhl bequem gemacht und schloss die Augen, entstand der Eindruck, als befände man sich an irgendeiner Küste, an der sich die Brandung des Meeres bricht.

Eine Woche durchkreuzte unser Schiff nun schon den Indischen Ozean auf dem Weg nach Fernost, ohne dass wir jemals Land gesichtet hätten. Der Atlantik, das Mittelmeer, die Fahrt durch den Sueskanal und das Rote Meer lagen längst hinter uns. Es gab also viel Zeit und Muße für jeden von uns, gleichwohl trat bei keinem von uns das Gefühl der Langeweile auf. Zu abwechslungsreich waren die Tage.

Auf Tage, an denen man vielleicht aktiv die Einrichtung im Recreation-room genutzt hatte, oder mal mit dem Bootsmann unterwegs war, um irgendwelche Niveauschalter zu überprüfen, folgten immer wieder besinnliche Stunden.

Stand man zum Beispiel ganz vorn am Bug des Schiffes und sah über das Schanzkleid hinaus auf das Meer, hielt dabei Ausschau nach fliegenden Fischen und Delfinen, so war der Kopf frei von jeglichen Zwängen und man fühlte sich geborgen wie zu Hause im heimischen Wohnzimmer. Fernöstliche Sonnenuntergänge, laue Abende bei mehr als 25 Grad, die Stille bei achterlichem Wind, vorbeiziehende Schiffe und das leichte Wiegen des Schiffes, wirkten beruhigend auf mich, so, als streichelten sie meine Seele.

Auch heute saß ich wieder, mit einem Buch bewappnet, auf meinem Lieblingsplatz oben auf dem Windenfahrstand. Hin und wieder schaute ich auf und blickte über das Meer. Es könnte ja gerade in diesem Moment eine Herde Delphine vorbei ziehen. Gerade kam Ludwig, unser Praktikant, mit Farbeimer und Rolle vorbei und bestätigte mir, dass ich dort oben wohl einen ganz exzellenten Platz gefunden hätte.

Ganz still war es hier vorn. Nur das Rauschen der Bugwelle drang zu mir herauf. Der warme Fahrtwind umstreichelte wohltuend meinen nackten Oberkörper. Leicht wiegte sich unser Schiff in der Dünung, gleichsam im Takt mit Mozarts Serenade Nr.13, gespielt von der Academy of St. Martin in the Fields Chamber Orchestra, die ich gerade über Kopfhörer genoss.
Dazu muss ich sagen, dass sich mein CD-Player, als mein täglicher Begleiter, ganz bequem in meiner Hosentasche verstauen ließ. Er ist so flach gebaut, dass man ihn kaum spürte und kleine Knopflautsprecher, in die Ohrmuscheln gedrückt, vermittelten dabei ein volles Klangerlebnis.
Immer wieder erstaunt war ich, wenn plötzlich vereinzelt Möwen so weit draußen unser Schiff begleiteten. > Die hat wohl Ärger zu Hause <, meinte Heinz beiläufig, als wir uns darüber unterhielten, was eine Möwe wohl so weit auf das Meer geführt haben könnte. Einhundert Seemeilen und mehr von der nächsten Küste entfernt, ließ sie sich, ohne jeglichen Flügelschlag, Minuten lang tragen von der Thermik des Schiffes, um sich plötzlich mit angelegten Flügeln, der Schwerkraft folgend, auf einen fliegenden Fisch zu stürzen. Andere Vögel, wie etwa eine Taube, auch Schwalben oder sogar eine Bachstelze waren für Tage unsere ständigen Begleiter an Bord. Zwitschernd umflogen sie ihr fahrendes Zuhause, entfernten sich einige hundert Meter vom Schiff, um dann immer wieder zurück zu kehren. Irgendwann waren sie dann verschwunden. Andere, uns unbekannte Vogelarten, verhielten sich später in gleicher Weise in fernöstlichen Gewässern.
Den uns hin und wieder begleitenden Delfinen zuzuschauen, war für uns immer wieder ein Erlebnis. Ohne sichtbare Anstrengung hielten sie das Tempo und glitten in vollendeter Harmonie dicht unter der Wasseroberfläche dahin. Spielerisch schnellten ihre stromlinienförmigen Körper aus dem Wasser, um dabei, wie man annehmen könnte, das Ungetüm Schiff in Augenschein zu nehmen. Auch sie waren dann irgendwann wieder verschwunden.
Immer wieder scheuchten wir große Schwärme fliegender Fische auf. Heftig mit den Flügeln schlagend nahmen sie Reißaus, um nach hunderten von Metern mit einem Aufspritzer wieder im Meer zu verschwinden.
Es gab aber auch mal den einen oder anderen Tag, an dem man förmlich vom Vorschiff gewaschen wurde. Wenn ein plötzlich einsetzender tropischer Regenguss zu spät erkannt wurde, gab es nur die Flucht unter den nächsten Container oder man schaffte es gerade noch, die Aufbauten zu erreichen. Dem Bootsmann gefiel es jedenfalls, hatte er nämlich danach immer wieder ein blitzblank gewaschenes Deck. Auch uns machte es wenig aus, wussten wir doch, dass die Sonne bald wieder für uns scheinen würde, was sie denn auch tat. Mit schöner Regelmäßigkeit ging sie morgens auf, um sich am Abend mit einem herrlichen Sonnenuntergang zu verabschieden.
Die Außentemperatur hatte mittlerweile schon 28 Grad erreicht und sollte bis Singapur noch ansteigen. Als Beleg hierfür steht nachfolgende Aufzeichnung aus meinem Tagebuch vom 14. März:
Heute 16. Tag auf See. Kurs 1o1 Grad. Außentemperatur 28 Grad. Herrliches Wetter bei guter Sicht. Wind 2 Beaufort. Malediven an Steuerbord. Fliegende Fische und Delfine gesichtet. Den ganzen Tag auf dem Backdeck gesonnt, gelesen und gemalt.

Während der Dunkelheit mit dem Wachhabenden auf der Brücke zu sein, war immer wieder ein besonderes Erlebnis für mich. Auch heute bin ich gleich nach dem abendlichen Dinner hinaufgegangen.

Ich hörte mich >Guten Abend< sagen, als ich das stockdunkle Brückenhaus betrat. Von irgendwo her kam ein freundlicher Gruß zurück. Die Zigarettenglut verriet, wo die Stimme herkam. Vorsichtig bewegte ich mich vorwärts und während ich mich der aufglimmenden Zigarettenglut näherte, schälte sich die stämmige Figur des 1. Offiziers aus der Dunkelheit hervor. Er stand in der steuerbordseitigen Nocktür und zog genüsslich an seiner Zigarette, immer dabei bedacht, den inhalierten Rauch nach außen zu blasen. Auch heute entwickelte sich wieder ein interessantes Gespräch. Seinen Blick auf das illuminierte Radarbild gerichtet gab, er mir bereitwillig Auskunft auf jede meiner Fragen. Auch Privates kam dabei nicht zu kurz.
Sehr still war es jeweils während der Sprechpausen. Nur das feine gläserne Singen des Radars war zu vernehmen. Eine Vielzahl kleiner und kleinster Glühlampen auf dem Brückenpult schaffte es nicht, den Raum zu erhellen. Im angrenzenden Kartenraum spendete eine kleine Lampe gerade mal so viel Licht, dass die auf dem Kartentisch liegende Seekarte lesbar wurde. Dabei schirmte ein schwerer Vorhang den Kartenraum soweit ab, dass kein Licht in den Brückenraum gelangen konnte.
Draußen am dunklen Firmament war ein phantastischer Sternenhimmel aufgezogen. Das Sternbild des Orion mit seinen Gürtelsternen und den Riesensonnen Beteigeuze und Riegel stand hoch am Nachthimmel. Auch Sirius, neben den Planeten der hellste Stern und bei uns zu Hause nur tief über dem Horizont zu sehen, stand hier in Äquatornähe fast senkrecht über uns.
Heute Nacht werden wir die Malakka-Straße erreichen, meinte er noch beiläufig, als ich Anstalten machte, die Brücke zu verlassen.

Noch zwei Tage also bis Singapur, unserem ersten Anlaufhafen in Fernost.
Die Malakka-Straße trennt Malaysia von der Insel Sumatra und gilt als die wichtigste Verbindung zwischen dem Indischen Ozean und dem Südchinesischen Meer. Sie ist die meist befahrene natürliche Wasserstraße der Welt: Aber wegen ihrer häufigen Piratenüberfälle berüchtigt.
Jedem dürfte bekannt sein, dass es plündernde Piraten schon so lange gibt, wie Waren über die Weltmeere transportiert werden. Piraterie, oftmals in Geschichten und Spielfilmen verherrlicht, ist und bleibt jedoch eine Geißel der von ihr betroffenen Menschen auf den Schiffen. Jüngsten Berichten zufolge, ist ein alarmierender Anstieg des Gewaltpegels zu verzeichnen. Dabei geht es den kriminellen Banden nicht mehr allein um Geld oder Wertgegenstände, sondern es werden mal eben ganze Schiffe gekapert. Deren Besatzungen werden dann als unliebsame Zeugen entweder gleich umgebracht oder auf dem Meer ausgesetzt. Allein im Jahre 2000 wurden weltweit 307 Schiffe geentert und 8 Schiffe gekapert, dabei wurden 72 Seeleute getötet. Es wurden zwar zwischenzeitlich die Anti-Piraten-Patrouillen, insbesondere in den Wasserstraßen von Malakka und Singapur, den weltweit gefährlichsten Gebieten für Piraterie, verstärkt, aber da die heutigen Piraten oftmals über bessere Waffen und schnellere Boote verfügen, ist der Erfolg eher gering.
Selbstschutz war daher erste Devise.
Also wurde von unserem Kapitän angeordnet, dass bis Erreichen von Singapur nicht nur alle Außentüren von innen zu verschließen sind, sondern es wurde die backbord- und steuerbordseitige Brückennock sowohl am Tage als auch bei Nacht mit einem zusätzlichen Ausguckposten besetzt.

Andere Besatzungen mögen sich gleichermaßen geschützt haben oder sie hatten andere Ideen, wie zum Beispiel ein großer mitlaufender japanischer Bulkcarrier, den wir irgendwann in der Malakka-Straße aufholten. Dessen Besatzung hatte im Bereich der Decksaufbauten nach beiden Seiten und zusätzlich nach achtern eine Anzahl Feuerlöschschläuche über Bord hängen, mit der Absicht, eventuellen Piratenattacken mit einem armdicken Wasserstrahl entgegenzutreten.
Dass die genannten Abwehrmaßnahmen nur subjektive Sicherheit bieten konnten, dürfte jedem klar gewesen sein, denn gegen hochgerüstete Piraten mit verschlossenen Außentüren oder einem armdicken Wasserstrahl entgegenzutreten, war natürlich illusorisch. Wachsamkeit und eine höhere Geschwindigkeit, als die mit Schnellbooten anpreschenden Piraten, waren die einzigen und effektivsten Mittel, einer eventuellen Piratenattacke entgegenzutreten.
So preschten wir dann auch fast zwei Tage und Nächte lang mit einer Geschwindigkeit von 23 Knoten in südsüdöstliche Richtung durch die Malakka-Straße und erreichten Singapur unbeschadet am 18. März früh am Morgen.

Der Brite Stamford Raffles erkannte bereits im Jahre 1819 die strategische Bedeutung des auf halbem Wege zwischen Indien und China an der Südspitze von Malaysia liegenden Ortes. Sogleich annektierte er diesen Ort für die britische East Indian Company, womit der Grundstein für das heutige Singapur gelegt war. Für die britischen Kolonialherren wurde Singapur ein wichtiger und bestens geschützter, von See her uneinnehmbarer, Stützpunkt.
Die Kolonialzeit endete erst im Jahre 1963, und nachdem sich Singapur von Malaysia gelöst hatte, entwickelte sich der Stadtstaat zum heutigen internationalen Finanz-, Handels- und Wirtschaftszentrum mit dem höchsten Lebensstandard in Asien.

Schaut man in den Atlas, so stellt man fest, dass Singapur mit 1 Grad nördlicher Breite fast genau auf dem Äquator liegt. Entsprechend hoch war dann auch schon die Außentemperatur, als wir morgens um 7.00 Uhr bereits landfein zum Frühstück hinunter in die Messe gingen.
Das Zentrum von Singapur mit seiner imposanten Skyline lag zum Greifen nahe und so war es auch nicht verwunderlich, wenn wir das heutige Frühstück ausnahmsweise einmal in rekordverdächtigem Tempo einnahmen.
Unsere Vorfreude auf unseren ersten fernöstlichen Landgang nach der langen Seereise bekam jedoch einen ersten Dämpfer, als wir unsere Pässe im Schiffsbüro abholen wollten. Wie man uns mitteilte, sollte sich die Ankunft des für die Einreise zuständigen Agenten verzögern und außerdem war ungewiss, wann er erscheinen würde. Nun war guter Rat teuer. Jede Stunde, die wir auf den Agenten warten sollten, verkürzte unseren Landgang, wussten wir doch, dass wir um 17.00 Uhr wieder auslaufen wollten. So machten wir uns, mit einer Kopie unserer Reisepässe bewappnet, auf den Weg zum Ausgang des Containerterminals und hofften auf einen gnädigen Grenzbeamten.
Dass es nicht einfach werden würde, den Terminal ohne gültigen Pass zu verlassen, hatte uns unser Kapitän bereits an Bord prophezeit.
So kam denn auch, was kommen musste. > We do not accept copies < waren die ersten Worte des Gateofficers, als ich ihm die Fotokopien unserer

Reisepässe vorlegte; und von den geltenden Vorschriften, die er zu befolgen hätte, erzählte er mir dann auch noch, bevor er mir unsere „Pässe" zurückgab.
Enttäuschung machte sich bei uns breit.
So versuchte ich zu taktieren und erzählte ihm zunächst von unserer langen Schiffsreise hierher in den fernen Osten. Und von unserer Vorfreude auf Singapur erzählte ich ihm auch. Und dass wir doch viel lieber die uns zur Verfügung stehende Zeit nutzen würden, seine schöne Vaterstadt zu besichtigen, als auf den Agenten zu warten, erzählte ich ihm dann auch noch.
Aber er hörte wenigsten zu, obgleich sich hinter uns ein kleiner Stau gebildet hatte.
Was ihn schließlich bewog, uns doch noch gehen zu lassen, weiß ich nicht. Jedenfalls ließ er uns irgendwann mit der Auflage passieren, unsere Rückkehr von ihm persönlich bestätigen zu lassen, was wir dann auch gerne zusagten.
So überschritten wir die Grenze und tauchten bereits nach wenigen Metern im Gewusel des städtischen Verkehrs von Singapur unter.
Wie in allen ehemaligen Kolonien des britischen Empires üblich, wird auch in Singapur links gefahren. So bewegten wir uns zunächst mit äußerster Vorsicht im Straßenverkehr und hielten dabei Ausschau nach einem Taxi.
Bereits wenig später saßen wir in einem tiefgekühlten Taxi, dessen englisch sprechender Fahrer uns nach zehnminütiger Fahrt an der Marina Bay absetzte. Was das Ziel unserer Fahrt anbelangte, hatte ich mich im Vorhinein anhand eines Reiseführers kundig gemacht.
Fast 20 Grad Temperaturunterschied erwartete uns, als wir das tiefgekühlte Taxi vor dem House of Parliament verließen.
Wie ich bereits an anderer Stelle erwähnte, liegt Singapur aufgrund seiner geographischen Lage fast genau auf dem Äquator, weshalb sich die Sonne zur Mittagszeit fast senkrecht über einem befand und man förmlich auf seinem eigenen Schatten herumtrampelte. Eine interessante Erfahrung, wie ich meine.
Spätestens jetzt bedauerte ich, dass ich außer der Filmkamera auch noch meine Fotoausrüstung mitgenommen hatte. Bei mehr als 30 Grad im Schatten sollte jedes Gramm Mehrgepäck zur Last werden.
Das aus der Kolonialzeit stammende Parlamentsgebäude, vor dem wir jetzt standen, ist Singapurs ältestes Gebäude und bot einen schönen Kontrast zu den im Hintergrund stehenden postmodernen Wolkenkratzern des Finanzzentrums.
Entlang der Marina Bay führte uns unser jetzt beginnender Fußmarsch zunächst über die aus Schmiedeeisen hergestellte historische Cavenagh Bridge, die den Singapur-River überspannt. Auf der anderen Seite des Flusses angelangt, eröffnete sich uns ein fantastischer Blick auf die am Ufer stehenden alten Shop Houses.
Die vor den Wolkenkratzern winzig klein erscheinenden Ladengeschäfte aus dem 19. Jahrhundert waren für mich ein weiterer Beweis dafür, dass sich liebevoll restauriertes Altes mit Neuem harmonisch verbinden lässt.

Chinatown sollte unser nächstes Ziel sein, weshalb wir erneut nach einem Taxi Ausschau hielten.

Unseren Weg durch Chinatown, einem der vielen ethnischen Stadtteile in Singapur, begannen wir am ältesten Hindutempel der Stadt, dem Sri Mariamman Tempel.

Dieser Figuren überladene Tempel gilt als Hinduheiligtum und veranschaulicht die Götterwelt der Hindus. Er steht nicht, wie man annehmen sollte, in Little

India, einem weiteren ethnischen Stadtteil Singapurs, sondern mitten in Chinatown.
So wie die unterschiedlichsten Küchen trotz aller Eigenständigkeit dicht beieinander stehen, scheint dieses auf dem religiösen Sektor gleichermaßen zu funktionieren, denn nicht weit entfernt vom Indischen Tempel findet man dann auch einen chinesischen.
Zwischen schön restaurierten Shophouses, mit im Parterre liegenden Läden und Geschäften und vorbei an typisch chinesischen Schmucktoren, ließen wir uns im Gewühl der Menschen treiben, dabei immer Ausschau haltend nach Dingen, die man eventuell mitbringen könnte.
Die Last der Kamera drückte schwer und die hohe Außentemperatur, verbunden mit der hohen Luftfeuchtigkeit, tat ihr übriges.
Auch Moni und Heinz hatten irgendwann das Bedürfnis sich auszuruhen. So suchten und fanden wir schließlich ein kleines Restaurant, in das wir einkehrten.
Eiskalte Luft aus der Klimaanlage empfing uns als wir eintraten, und obwohl wir Sehnsucht nach einem kühlen Plätzchen verspürten, zog es uns doch wieder hinaus aus dem "Kühlraum". Draußen in einer schattigen Ecke des Restaurants war es dann mit Abstand angenehmer. Die angebotenen "home made pasty with chicken" schmeckten uns vorzüglich, dazu noch ein gekühltes Getränk und wir konnten unsere Exkursion durch Chinatown fortsetzen.

Als wir am späten Nachmittag wieder an Bord eintrafen, waren die Verladearbeiten noch in vollem Gange. Die Klimaanlage war in Betrieb und angenehme 23 Grad Raumtemperatur empfingen uns, als wir unsere Kammer betraten. Spätestens nach einer erfrischenden Dusche und dem danach eingenommenen Kaffee ging es uns Fußlahmen wieder besser.
Nicht viel später sah man mich dann schon wieder mit der Kamera bewappnet in der Brückennock stehen, denn ich hatte mir vorgenommen, von dort oben einmal die Atmosphäre eines fernöstlichen Hafens auf Film zu bannen.
Der Himmel war Wolken verhangen. Drückende, schwülwarme Luft empfing mich, als ich aus den klimatisierten Aufbauten trat.
Nur etwa einen Kilometer von der Skyline Singapurs entfernt pulsierte das Herz des umschlagstärksten Hafens der Welt. Es war schon ein Erlebnis für mich, das Geschehen aus etwa 40 Metern Höhe von der Brückennock unseres Schiffes

hautnah zu verfolgen. Schiffe jeder Größenordnung, so weit das Auge reichte. Solche, die mit Schlepperassistenz ihren Liegeplatz verließen, andere, die den frei gewordenen Platz gleich wieder belegten und vor der Skyline des Finanzzentrums das Gewirr der Portalkräne in einem Umfang, der jeden Vergleich Stand hält.
Dass noch eine Vielzahl anderer Schiffe draußen auf Reede vor Anker lagen um auf ihre Abfertigung zu warten, sahen wir erst, als wir selbst mit Unterstützung eines revierkundigen Lotsen den Hafen verließen.

>Es sieht aus wie eine Invasionsflotte< meinte Moni, als wir, mit Kurs Südchinesisches Meer, an den vielen vor Anker liegenden Schiffen vorbei fuhren.
Diffuses Restlicht der gerade untergehenden Sonne waberte über der bleiernen See. Dabei streute sie noch bescheidene Helligkeit über die vielen Schiffe und ließ die langsam am Horizont versinkende Hochhaussilhouette Singapurs wie eine Theaterkulisse erscheinen. Hoch oben spendeten die ersten Sterne, in der jetzt klaren Luft, ihr erstes diskretes Licht. Drinnen im Brückenhaus versahen der Kapitän und der 1. Offizier ihren Dienst.
Mit Kurs 43 Grad, also mit nordöstlichem Kurs, hielten wir direkt auf Taiwan zu.
Vietnam an Backbord, Borneo an Steuerbord und mit 22 Knoten Fahrt "dampften" wir durch das Südchinesische Meer unserem nächsten Zielhafen Kaohsiung auf Taiwan entgegen.

Nur noch drei Seetage lagen ab jetzt vor uns, bis wir den fernsten Punkt unserer langen Reise erreichen sollten. In meinen Bordnotizen lesen sich die Tage bis zur Ankunft in Taiwan wie folgt:
Bestes Mützenwetter bei 26 Grad. Ruhige See, Kurs 38 Grad. Moni hat einen Waschtag eingelegt. Fax aus Djidda erhalten. Cooki hat uns drei Passagiere wissen lassen, dass er in Hongkong aussteigen wird. Er erhielt Nachricht, dass sein väterlicher Freund auf einer Fahrt von Hamburg zurück nach Polen tödlich verunglückt ist. Letzte Nacht plötzliche Wetterverschlechterung mit Windstärke 8. Starker Seegang lässt uns nicht schlafen. Auch heute morgen noch starker Seegang. Ab Mittag wieder Wetterverbesserung. Heute Abend sollen wir Kaohsiung erreichen.

Ein Landfall, wie das Ansteuern einer Küste von hoher See her früher einmal genannt wurde, stellt sich heute in keiner Weise so dramatisch dar, wie es noch zu Zeiten der Segelschifffahrt war. Früher folgten die Kapitäne wegen der nicht bekannten Untiefen dem vermuteten Verlauf der Küste, um sich dieser dann bei

Tageslicht vorsichtig zu nähern. Heute wird jeder Hafen mit Hilfe von GPS und unter Verwendung guter Seekarten punktgenau angesteuert.
Gleich nach dem Abendbrot ging ich auf die Brücke: Moni und Heinz wollten später nachkommen. Der Tag neigte sich bereits dem Ende entgegen, als die Küste der Insel Taiwan zunächst als dünner Strich über die Kimm wuchs, um im Verlaufe der nächsten Stunde klarere Konturen anzunehmen. Spiegelglatt lag die See unter einem zarten gelblichen Schleier der gerade untergehenden Sonne.
Interessiert verfolgten wir drei Passagiere den über UKW mit der Hafenbehörde abgewickelten Sprechfunkverkehr, in dem unsere Schiffsführung unter anderem unsere Ankunft ankündigte und um Schlepperassistenz bat.
Fast übergangslos war es Nacht geworden. Während eine erwartungsvolle Unruhe von mir Besitz nahm, so als ginge ich zu meinem ersten Rendezvous, näherten wir uns mit halber Kraft dem Lichtermeer der direkt an der Küste liegenden Millionenstadt Kaohsiung.

Schon Tage vorher hatten wir mit Cooki vereinbart, sofort nach Ankunft an Land zu gehen. Dass sich unser Koch als Ortskundiger uns anschließen wollte, war für uns in sofern ein Glücksfall, als dass man in Taiwan, wie wir erfuhren, mit der englischen Sprache nur wenig ausrichten konnte. Eine Auswahl an Zetteln mit Anschriften, insbesondere aber mit der Bezeichnung unseres Terminals in chinesischer Sprache, sollte dann auch von großem Nutzen werden. Aber hierzu später mehr.
Inzwischen hatten wir uns der Hafeneinfahrt bis auf etwa einer Meile genähert. Über Funk wurden wir angewiesen aufzustoppen und auf das Eintreffen des Lotsen zu warten. Alle Manöverstationen waren besetzt und auch die Lotsentreppe war klar zum Wegfieren.
Millionenfach leuchteten die Lichter der Stadt zu uns herüber. Sie spiegelten sich dabei im Wasser und ließen es in einer wahren Flut von Lichtreflexen erglitzern.
Schon die nächste, über UKW-Sprechfunk eingehende Meldung kündete den Lotsen an, woraufhin der Bootsmann Order erhielt, die Lotsentreppe wegzufieren.
Nur ein geschultes Auge konnte im Widerschein der erleuchteten Stadt erkennen, dass sich ein kleines Lotsenversetzboot von der Hafenmole gelöst hatte und direkt auf uns zuhielt.
Empfangen wurde der Lotse an Bord vom 3. Offizier, in dessen Begleitung er dann auch nach geraumer Zeit auf der Brücke erschien. In der Dunkelheit des Brückenhauses hielt er direkt auf mich zu, um mich mit einem freundlichen > good evening Captain < zu begrüßen. Das Missverständnis war natürlich schnell bereinigt und nachdem die Kompetenzfrage unter allgemeinem Gelächter einvernehmlich geklärt werden konnte, erfolgten alle weiteren Gespräche wieder auf sachlicher Ebene.
Zunächst einmal nahmen wir wieder Fahrt auf. Nur sehr schwer waren die beiden roten und grünen Blinklichter, die die Durchfahrt durch die Hafenmole kennzeichneten, im Widerschein der erleuchteten Stadt zu erkennen.
Einmal mehr zeigte sich, wie hilfreich es sein kann, einen revierkundigen Lotsen an Bord zu haben.
Die angeforderten Schlepper nahmen uns erst auf den Haken, nachdem wir den engen Durchlass in der Hafenmole passiert hatten. Nachdem sie sich vorn und achtern in Position gebracht hatten, flogen auch schon mit geübtem Schwung die sorgsam aufgeschossenen Wurfleinen zu den Schleppern hinüber, wo sie

geschickt aufgefangen wurden. Die an ihren Enden befestigten Schleppleinen wurden sogleich auf die Sliphaken der Schlepper gelegt und dicht geholt (gestrafft). Mit vereinten Kräften, dabei unterstützt durch unseren Bugstrahler, drehten die beiden Schlepper unser Schiff, so dass wir kurz darauf parallel zum Yang Ming Terminal zu liegen kamen. Das anschließende Anbinden unseres Schiffes an der Pier erfolgte dann wiederum in der Weise, wie ich es bereits an anderer Stelle beschrieben habe.

Hinzufügen möchte ich an dieser Stelle, dass insbesondere in nicht Europäischen Ländern von den Hafenbehörden überprüft wird, ob nach dem endgültigen Festmachen eines Schiffes auch die so genannten Rattenbleche (Ratguards) gesetzt worden sind. Eigentlich sollen diese Rattenbleche verhindern, dass Ratten von Land über die Festmacherleinen an Bord gelangen.

Nun wird man in der Regel in keinem Containerschiffhafen und schon gar nicht auf einem modernen Containerschiff eine Ratte finden. Es fehlt ihnen nämlich dort jegliche Lebensgrundlage. Es ist halt nur eine Vielzahl von Blechkisten, die dort verladen werden und keine Kisten und Säcke wie in früheren Zeiten, zwischen denen es sich vorzüglich leben ließe.

Aber die Vorschriften gelten nun einmal auch heute noch und werden von den Hafenbehörden akribisch überwacht. Es könnte ja im Umkehrschluss doch eine Ratte von Bord eines dieser modernen Schiffe in den Hafen gelangen! Also wird kontrolliert und bei Nichtbeachtung abkassiert.

Heute, 25 Tage nach Auslaufen aus dem Hamburger Hafen, hatten wir den Kulminationspunkt unserer Reise erreicht. Von nun an ging es nur noch zurück.

Taiwan, die Insel, auf die sich 1949 die chinesische Nationalregierung vor Maos Truppen flüchtete und Peking nach wie vor als abtrünnige Provinz betrachtet, hat sich zwischenzeitlich eindrucksvoll zu einem demokratisch regierten Staat gemausert. Nur getrennt durch die Straße von Formosa, regiert auf dem Festland die kommunistische Partei das volkreichste Land der Erde, während auf der gegenüber liegenden Seite das taiwanesische Wirtschaftswunder zu einem Symbol des erfolgreichen Kapitalismus geworden ist.

Gerade einmal 50 Jahre benötigten 1,5 Millionen ehemalige Festlandchinesen, nachdem sie mit Tschiang Kai-schek auf der Insel vor den Kommunisten Zuflucht gesucht hatten, um mit wirtschaftlicher Unterstützung der USA das taiwanesische Wirtschaftswunder zu verwirklichen.

Obgleich sich Taiwan als eine Insel mit herrlichen Landschaften, Nationalparks und mit einmaliger tropischer und subtropischer Vegetation präsentiert, sind dort kaum "weiße" Touristen anzutreffen. Den wenigen wird dann auch meist überaus freundlich begegnet.

Kaohsiung hat sich mit etwa 1,5 Millionen Einwohnern, nach der Hauptstadt Taipeh, zur zweitgrößten Stadt Taiwans entwickelt und ist darüber hinaus der bedeutendste Industriestandort mit dem größten Seehafen der Insel.

Wie auch in den anderen Häfen zuvor, wurde es auch hier sofort nach dem Festmachen ziemlich lebhaft an Bord. Scharen kleiner Chinesen erstürmten die hinab gelassene Gangway, verteilten sich an Deck und begannen sogleich damit, die Laschstangen der unteren Containerlagen zu lösen.

Auch im Schiffsbüro wurde es nach kurzer Zeit ziemlich eng.

Zunächst einmal traf der Agent, als Vertreter des Charterers, ein. Mit ihm im Schlepptau erschienen die Vertreter der Einwanderungsbehörde sowie des

Zolls. Wenig später kamen dann auch noch Abordnungen der Gesundheitsbehörde und der Portstatecontrol, an Bord.
Gleich nach dem Festmachen hatte der 1.Offizier die Brücke verlassen, um die Abordnungen unten im Schiffsbüro zu empfangen. Der Kapitän kam hinzu, nachdem er den Lotsen verabschiedet hatte.
Der große Tisch im Schiffsbüro hatte sich zwischenzeitlich mit Bergen von Akten und Dokumenten gefüllt.
Während sich der Alte im Wesentlichen um schiffsspezifische Dinge, wie Ladung, Liegezeit und Verproviantierung kümmerte und der Vertreter des Zolls sich durch Stapel von Deklarierungslisten arbeitete, nahm der Vertreter der Einwanderungsbehörde Einsicht in die Pässe und Gesundheitszeugnisse aller an Bord befindlichen Personen. Und gab es dann keine Beanstandungen, so wurde dem Schiff "Free Pratique" erteilt, womit offiziell bescheinigt war, dass die Besatzung und auch wir Passagiere an Land gehen durften.
Der 1.Offizier kümmerte sich schwerpunktmäßig um das Verladegeschäft.
Ein inzwischen ebenfalls eingetroffener Planer hatte dem Ersten eine hierfür erforderliche Diskette überreicht, die dieser sofort in den Bordcomputer einspielte. Die auf dieser Diskette gespeicherten Daten waren nun Grundlage für den gesamten Be- und Entladevorgang.
Und während auf den 1.Offizier wieder einmal viele Stunden zusätzlicher Arbeit warteten, sah man auf dem Gang vor dem Schiffsbüro drei Passagiere leise mit den Füßen scharren, in der Hoffnung, baldmöglichst das ersehnte Permit für den Landgang zu erhalten.
Fast zweiundzwanzig Uhr war es, als wir unsere Pässe im Bordoffice in Empfang nehmen konnten. Auch andere Besatzungsmitglieder standen im Gang vor dem überfüllten Schiffsbüro, ebenfalls mit der Absicht das Schiff zu verlassen.

Ich hatte ja bereits erwähnt, dass Cooki sich uns anschließen wollte, und so hangelten wir uns gemeinsam die Gangway hinunter.
Wie schon in Singapur, war auch hier die Gangway wieder so ungünstig platziert, dass die Pier nur mit einem beherzten Sprung von der untersten Plattform der Gangway zu erreichen war. Heinz erschien der Sprung im ersten Moment etwas riskant, aber mit etwas Zuspruch und ein wenig Unterstützung wagte er dann doch noch den entscheidenden Sprung an Land.
Mit unserem Cooki als ortskundigen Begleiter steuerten wir zunächst zielstrebig auf das nächstliegende Gebäude zu, um von dort ein Taxi zu rufen.
Dass unser polnischer Cooki ein ganz ausgezeichneter Koch war, sei an dieser Stelle nachgetragen. Wir hatten deshalb auch nicht die geringsten Bedenken, ihm in ein Speiselokal zu folgen, das er bereits von früheren Reisen her gut kannte.
Trotz vorgerückter Stunde war es mit 23 Grad noch angenehm warm, und als wir nach etwa einer halben Stunde Fahrt mit dem Taxi vor dem Lokal eintrafen, waren wir uns sofort einig, den Abend draußen unter freiem Himmel zu verbringen.
Die Inhaber des Restaurants hießen zunächst unseren Cooki recht herzlich willkommen, aber auch wir Drei wurden anschließend, fernöstlicher Tradition entsprechend, ebenso herzlich begrüßt. Es stellte sich heraus, dass das sehr einfache Lokal eines von vielen Garküchen war, in denen Köstlichkeiten aus ganz Asien angeboten wurden.
Nun darf man diese Art Lokalität nicht mit europäischen Maßstäben messen, weshalb für ängstliche Gemüter, die sich auf Fernreisen am liebsten von

mitgebrachten Konserven ernähren, solche Garküchen nicht die richtige Adresse wären. Andererseits bietet sich keine bessere Möglichkeit, der chinesischen Kochkunst näher zu kommen.
Man sitzt in der Regel auf einfachem Gestühl an Tischen, die vor dem Essen mit einer Plastikfolie abgedeckt werden, um dann nach Beendigung der Mahlzeit mit den Essenresten in den Müll zu wandern. Gekocht und gebrutzelt wurde unter freiem Himmel alles das, was Cooki bestellte und es war schon eine Lust zuzusehen, wie sich unser großer runder Tisch ganz allmählich mit Speisen der unterschiedlichsten Art füllte. Es dauerte denn auch nicht lange, bis auf dem Tisch gerade noch so viel Platz verblieben war, um unsere Biergläser abstellen zu können.
Als wir uns schließlich nachts um halb zwei gut gesättigt und zufrieden auf den Heimweg machten, waren wir uns alle einig, eine gute Wahl getroffen zu haben. In weniger als einer halben Stunde brachte uns ein gut aufgelegter englisch sprechender Taxifahrer zurück zum Schiff.
Taghell erleuchtet lag unser riesiges Zuhause vor uns. Hektische Betriebsamkeit und die schon vertrauten Geräusche eines Containerumschlagplatzes begleiteten uns auf unseren letzten Metern bis zur Gangway, die wir zu Fuß zurücklegen mussten. Das Deck hatte sich während unserer Abwesenheit bereits merklich geleert. Vier Portalkräne gleichzeitig holten Container für Container von Bord, setzten sie auf bereits wartende Trailer ab, mit deren Hilfe sie dann zu einem vorbestimmten Platz irgendwo auf dem Terminalgelände transportiert wurden. Portalstapler schafften derweil andere Container heran, platzierten sie punktgenau auf der Pier, von wo sie dann in umgekehrter Richtung von den Portalkränen übernommen wurden um dann irgendwo im Laderaum zu verschwinden.
Noch ein letztes Bier bei Cooki auf der Kammer rundete den schönen Abend ab. Fast drei Uhr war es schließlich, als wir unsere Kammer betraten und zu unserer großen Freude noch eine Fax-Nachricht von unseren Freunden in Dithmarschen vorfanden.
Zufrieden suchten wir schließlich unsere Kojen auf.

So gegen halb neun räumte der Messejunge am nächsten Morgen unseren nicht genutzten Frühstückstisch wieder ab. Wir Passagiere hatten allesamt verschlafen. Cooki indes stand nach dreistündigem Kurzschlaf seit 6.00 Uhr früh wieder in seiner Kombüse, um seinen Dienst zu verrichten. >Seemannslos< meinte er trocken, als ich um neun Uhr in der Messe auftauchte, um noch wenigstens eine Mug Kaffee zu ergattern. Er hatte wohl schon so etwas kommen sehen, denn der Kaffee stand bereits vorbereitet in einer Warmhaltekanne hinter ihm. Mit der Kanne in der einen Hand und zwei Bechern in der anderen erschien ich wenig später in unserer Kammer und es kostete dann auch nicht mehr viel Mühe, Moni damit aus der Koje zu locken.
Bereits eine Stunde später standen wir drei Passagiere landfein an der Pier und warteten auf das Taxi, das ich kurz vorher in einem Ladungsbüro telefonisch bestellt hatte. Genau genommen hatte dies ein englisch sprechender chinesischer Angestellter für mich getan. Es dauerte dann auch nicht sehr lange und wir saßen im Taxi, dessen Fahrer ich zum besseren Verständnis eine von mir vorher angefertigte Skizze eines markanten Hochhauses vorhielt und ihm damit zu verstehen gab, dass dieses unser Fahrtziel sein sollte. Er zeigte sich auch sogleich als gut informiert und so hatten wir bereits nach einer halben Stunde Fahrt unser Ziel im Zentrum der Stadt erreicht.

Meine Bemühungen, dem Fahrer verständlich zu machen, dass wir bereits vor Erreichen besagten Hochhauses auszusteigen wünschten, scheiterten allerdings kläglich. Er hatte mich einfach nicht verstanden. So fügte ich mich in das Unvermeidliche, als wir über eine großzügig angelegte Auffahrt vor dem Portal des Hochhauses anlangten. Kaum hatte unser Taxifahrer seinen Wagen zum Stehen gebracht, als auch schon die Wagentüren von beiden Seiten aufgerissen wurden und wir von zwei livrierten Chinesen in das Innere des imposanten Gebäudes komplimentiert wurden. Wie schon anzunehmen war, entpuppte sich das Gebäude als das erste Hotel am Platze. Wenngleich es mich schon juckte, das Spielchen weiter mitzuspielen, überwog doch die Vernunft und so gab ich dem Personal zu verstehen, dass wir nicht beabsichtigten, in diesem Hotel zu übernachten.

Um möglichen Engpässen von vornherein aus dem Wege zu gehen, hatten wir uns bereits vor Antritt der Reise mit den jeweiligen Landeswährungen versorgt. So hatten wir außer D-Mark und US-Dollar auch Singapur-Dollar, Hongkong-Dollar sowie Taiwan-Dollar in kleinen Stückelungen bei uns. Heinz indes hatte in dieser Hinsicht nicht vorgesorgt und so machten wir uns als erstes auf die Suche nach einer Bank.

Wer da glaubt, die D-Mark genösse in der Welt denselben Bekanntheitsgrad wie der US-Dollar, wurde spätestens in Taiwan eines Besseren belehrt.

Die 50 DM-Scheine, die Heinz dem Bankangestellten zum Wechseln vorlegte, löste bei diesem erst einmal ungläubiges Kopfschütteln aus und auch andere hinzugezogene Kollegen hatten nicht die geringste Ahnung von der so genannten harten deutschen Währung. Mit dem guten Rat, es doch einmal bei der Chinesischen Nationalbank zu versuchen, verließen wir das Geldinstitut und machten uns auf die Suche nach besagter Staatsbank.

Auf der Suche nach der Staatsbank schlenderten wir bei strahlendem Sonnenschein durch die belebten Straßen, vorbei an zahllosen Shopping-Center, um irgendwann in den alten Teil von Kaohsiung zu gelangen. Wir überquerten Märkte, auf denen Händler mit den typischen taiwanesischen Strohhüten exotische Früchte und Gewürze feilboten, gingen durch enge

Gassen, in denen sich kleine und kleinste Ladengeschäfte aneinanderreihten.

Da gab es Garküchen und kleine Straßenrestaurants, in denen Meeresfrüchte jedweder Art und Zubereitung, abgekocht, gegrillt, frittiert oder sautiert, angeboten wurden.
Spontan wurden Erinnerungen an unseren gestrigen Abend wach.
Zwischen dem ganzen Trubel fanden sich, gleichsam als Stätten der Ruhe, immer wieder aufwendig geschmückte Tempel, in denen Gottheiten verehrt wurden. Aber auch kleinste, von Kerzen nur schemenhaft ausgeleuchtete Altarräume, mit Bildnissen irgendwelcher Schutzpatrone, fanden sich, aus denen der schwere Duft von Räucherstäbchen strömte.

Im Gewühl unzähliger Chinesen, die wir in der Regel um Haupteslänge überragten, ließen wir uns einfangen von der fernöstlichen Atmosphäre mit ihren Gerüchen und dem fremden Stimmengewirr, um schließlich in das Hafenviertel der Stadt zu gelangen.

Hier irgendwo, stellten wir fest, hatten wir vergangene Nacht zusammen mit unserem Smutje zu Abend gegessen.
Die Chinesische Staatsbank haben wir übrigens nie gefunden.

Schwülheiß und stickig wurde es um die Mittagszeit. Erbarmungslos brannte die Sonne auf uns hernieder und uns taten die Füße weh.
So entschlossen wir uns, nach einem Taxi Ausschau zu halten, das uns zurück ins Zentrum bringen sollte.
Da spielte der Zufall Regie.
Ich weiß nicht wie viele Taxen es in Kaohsiung gibt. Es mögen tausende gewesen sein. Aber so unwahrscheinlich es auch klingen mag, dasjenige Taxi dem wir zuwinkten, war in der Tat dasselbe mit dem gut aufgelegten, englisch sprechenden Fahrer, der uns letzte Nacht zurück zum Schiff kutschiert hatte. Er gab sich auch sogleich zu erkennen und war sichtlich erfreut, erneut mit uns auf Tour gehen zu können. Auch für uns war dieses erneute Zusammentreffen wegen der guten Verständigung äußerst angenehm.
So gelangten wir problemlos in das Zentrum der Stadt, wo wir uns denn auch gleich nach Ankunft mit ihm für die nächste Tour in zwei Stunden verabredeten.
Unser weiterer Weg führte uns vorbei an ultramodernen klimatisierten Kaufhäusern, die, ausgestattet mit viel Glitzer und ungewöhnlich breitem Warenangebot, auf zahlungskräftige Kunden warteten. Auch Moni und Heinz ließen sich einfangen von den Düften internationaler Parfums, aber auch von der riesigen Palette feinster Moden der Pariser Haute Couture.
Ich hingegen schlenderte unterdessen durch schmale Seitenstraßen und ließ mich erneut einfangen von den Gerüchen und der Atmosphäre fernöstlicher Lebensweise.

Kleine Läden für Artikel des täglichen Bedarfs, wie Tabak oder Lebensmittel, Auto- und Motorradwerkstätten, Handwerksbetriebe, Arzt- und Anwaltspraxen und natürlich die kleinen Restaurants, Imbissstände sowie Garküchen, reihten sich zahllos aneinander. Kleine Tempel, in denen irgendwelche Schutzheilige verehrt wurden, fanden sich in den Seitenstraßen auch dieses Stadtteils.

Mir fiel plötzlich ein, dass mir unser Koch beim Verlassen unseres Schiffes eine Einwegkamera in die Hand gedrückt hatte, mit der Bitte, diese in einem Fachgeschäft entwickeln zu lassen. So machte ich mich auf die Suche nach einem geeigneten Geschäft. Einen Express-Service für Einwegkameras fand ich nach längerem Suchen in einer der zahlreichen kleinen Nebenstraßen. Nun galt es nur noch den Inhaber zu überreden, den Film innerhalb der nächsten Stunde zu entwickeln, was mir dann nach einigen Erklärungen auch gelang.

Moni und Heinz erwarteten mich bereits, als ich nach einem fast zweistündigen Fußmarsch unter sengender Sonne ziemlich erschöpft am vereinbarten Treffpunkt eintraf. Im Gegensatz zu mir, wirkten beide noch sehr frisch. Wie sie mir berichteten, ließ es sich in den klimatisierten Kaufhäusern nicht nur gut aushalten, vielmehr hatten sie sich in einer Cafeteria bei Eis und Eiskaffee von unserer vormittäglichen Exkursion durch die Altstadt Kaohsiungs ausreichend erholen können. Auch ich hatte jetzt das Bedürfnis nach einem erfrischenden Getränk, weshalb ich geradewegs auf den nächsten Erfrischungsstand am Straßenrand zusteuerte.

Wie zu erwarten, erntete ich auf meine Frage nach einer Cola zwar freundliche Blicke, aber kein Getränk. Auch alle weiteren Versuche führten zu keinem nennenswerten Erfolg. Eine junge Chinesin hatte offensichtlich meinen ergebnislosen Dialog mit dem Kioskbesitzer verfolgt und bot mir in gutem Englisch ihre Hilfe an. Es dauerte dann auch nicht lange und wir Drei hielten an Stelle einer ordinären Cola ein köstliches eisgekühltes Fruchtgetränk in Händen. Nun galt es noch die Bilder für Cooki abzuholen, denn die Zeit drängte.

Unser Taxi wartete bereits auf uns, als wir am vereinbarten Ort eintrafen. Als ich dem Fahrer zu verstehen gab, dass wir beabsichtigen, irgendwo eine Kleinigkeit zu essen, hatte er auch gleich einen passenden Vorschlag parat. So kutschierte er uns in einen uns fremden Stadtteil, in dem es, wie er uns erzählte, die besten Fischgarküchen geben sollte.

Noch bevor wir ausstiegen, verabredeten wir wiederum Ort und Zeitpunkt für die abschließende Rückfahrt zum Schiff.

An einem kleinen Fluss gelegen, reihte sich in der Tat eine Vielzahl kleiner Speiselokale aneinander. Die Verkaufstresen mit dem Speiseangebot standen draußen vor den Buden auf dem Bürgersteig. Drinnen boten jeweils einfache Tische und Stühle Platz für ein paar Gäste. Man konnte praktisch im Vorbeigehen seine Wahl treffen, um sich dann für eines der Lokale zu entscheiden. Durch Fingerzeig traf man seine Wahl unter den fremdartigen Fischen, die dann sogleich auf einer ebenfalls vor der Bude stehenden Feuerstelle gebrutzelt wurden.

Ein gekühltes Getränk zum Essen zu bekommen, war kein Problem. Auch chinesisches Bier aus der Flasche bekommt man in der Regel an jeder Straßenecke. Aber eine Tasse Kaffee, geschweige denn ein Kännchen Kaffee, in einem dieser Lokale zu bekommen, war schier aussichtslos.

Gleichwohl gibt es in Taiwan so etwas wie eine Kaffeehauskultur, was wohl auf den lange währenden ausländischen Einfluss zurückzuführen ist. So gibt es einerseits eine Anzahl ganz schlichter, andererseits aber auch sehr edler und teurer Cafes.

Und eines dieser edlen Cafes sollten wir noch kennen lernen.

Moni als leidenschaftliche Kaffeetrinkerin bekam nach dem Essen dann auch irgendwann ihre ersten Entzugserscheinungen, weshalb wir es zunächst in einem anderen Lokal versuchten. Aber auch dort hatten wir, das heißt Moni, kein Glück. Glück hatten wir allerdings in sofern, als uns eine kleine freundliche Chinesin, ich nehme an es war die Inhaberin dieses Lokals, zu verstehen gab, uns das nächstliegende Cafe zu zeigen.

Ihren kurzen Trippelschritten in angemessenem Abstand folgend, erreichten wir nach einer ziemlichen Wegstrecke ein Cafehaus, das mit seiner edlen Holzfassade von außen als solches nicht auszumachen war. Vielmehr hatte es Ähnlichkeit mit einem alten englischen Pub.

Wir bedankten uns artig bei der netten Chinesin und betraten das Cafe.

Dicke Teppiche dämpften unsere Schritte. Leise Musik erfüllte den Raum, dessen Interieur aus der Kolonialzeit nicht nur seine noble Vergangenheit

konserviert zu haben schien, sondern darüber hinaus noch dieser Stätte bedächtigen Herumhängens seinen kontemplativen Rahmen verschaffte. Livriertes Personal hieß uns freundlichst willkommen und führte uns zu einem Tisch am Fenster. Man reichte uns in Leder gebundene wahre Kunstwerke, die sich als Getränkekarten entpuppten. Kaffees in den unterschiedlichsten Variationen zum Preis von umgerechnet 10,-- DM pro Tasse wurden darin angeboten. So wurden denn auch die Tassen wie sakrale Gegenstände herumgetragen, und anschließend mit entsprechender Andacht serviert.
Ach ja, ich vergaß zu erwähnen, dass wir die einzigen Gäste waren.
Den ausgesprochen schönen Serviererinnen bereitete es offensichtlich Vergnügen, uns drei Exoten bedienen zu dürfen. Jedenfalls bemühten sie sich redlich, unseren Aufenthalt so angenehm wie nur möglich zu gestalten.
Leider mussten wir irgendwann diese wohl letzte Bastion gegen die Unrast unserer Zeit wieder verlassen, denn unser Taxi wartete ja auf uns.

Die Dunkelheit hatte bereits eingesetzt, als wir am Containerterminal eintrafen. Mit einem angemessenen Trinkgeld verabschiedeten wir uns von unserem Taxifahrer, der uns bis ans Schiff gefahren hatte. Über die jetzt besser platzierte Gangway erreichten wir problemlos das A-Deck und begaben uns sofort in die Offiziersmesse, wo das abendliche Dinner auf uns wartete.
Während wir es uns in heimischer Umgebung schmecken ließen, erfuhren wir vom Kapitän, dass unser Schiff noch im Verlaufe des Abends nach einem anderen Liegeplatz im Hafen verholen sollte. Natürlich wollten wir uns dieses Ereignis nicht entgehen lassen. So nutzten wir die Zeit bis dahin und trafen uns mit Heinz nach einer erfrischenden Dusche in unserer Kammer, um in gemütlicher Runde bei einem guten Trunk gemeinsam Erlebtes zu memorieren. Auch Cooki erschien noch irgendwann in unserer Kammer und zeigte sich hocherfreut, als ich ihm den entwickelten Film mit den Bildern überreichte.
Die Nachtluft war angenehm mild, als wir später draußen in der Brückennock standen, um das Verholmanöver zu verfolgen. Beide Nocktüren standen weit offen. Während im abgedunkelten Brückenhaus ein philippinischer Rudergänger am Ruder bereit stand, sah man in der gegenüberliegenden Nock den Alten, zusammen mit dem Lotsen und den 1. Offizier stehen. Außer dem Koch und dem Messejungen befanden sich auch alle weiteren Besatzungsmitglieder auf Manöverstation.
Zwei Schlepper hatten uns auf den Haken genommen und unter Anleitung des revierkundigen Lotsen verließen wir unseren Liegeplatz. Etwa eine Stunde dauerte das ganze Manöver. Als unser Schiff so gegen Mitternacht fest vertäut an seinem neuen Liegeplatz lag, ließ der Kapitän die Manöverstationen wieder räumen. Alles was Freiwache hatte, begab sich dann auch sogleich in die Kojen. Auch wir drei Passagiere taten dasselbe.

Schon gestern Abend hatten wir aus zweierlei Gründen entschieden, nicht noch einmal in die Stadt zu fahren, sondern den heutigen Tag an Bord zu verbringen. Da war zum einen der neue Liegeplatz, von dem wir nur mit viel Umstand hätten in die Stadt gelangen können. Zum anderen war es das neuerliche Verholen unseres Schiffes zurück auf den alten Liegeplatz. Und da gab es seit heute Morgen einen weiteren Grund, nämlich das Übernehmen einer für Hamburg bestimmten 25 Meter Luxusyacht.
Nach dem Frühstück machte ich mich zunächst mit der Filmkamera bewappnet auf den Weg, um das nähere Umfeld unseres neuen Liegeplatzes zu erkunden.

Das fast vollständig entladene Schiff lag jetzt hoch aus dem Wasser. Bereits am frühen Morgen waren die Löscharbeiten eingestellt worden. Das Oberdeck war bis auf einige wenige Container, die wie vergessen herumstanden, fast gänzlich leer geräumt. Wo gestern noch Türme von Containern standen, gab es jetzt eine riesige, einem Fußballfeld gleichende, Fläche, die den Blick bis zum Vorschiff freigab.
Unsere Ladung für Europa sollten wir erst nach dem neuerlichen Verholen am Yang Ming Terminal übernehmen, erfuhr ich vom Ersten.
Einem 12-geschossigen Hochhaus nicht unähnlich, ragten die Decksaufbauten unseres Schiffes in den wolkenlosen Himmel. Diesen Eindruck gewann ich jedenfalls, nachdem ich über die jetzt steil nach unten führende Gangway den Kai betreten hatte und nach oben sah. Hoch ragte das Vorschiff aus dem Wasser und gab den Blick frei auf den riesigen Wulstbug. Die dort angebrachten weißen Zahlen der Ahmings verloren sich in der trüben Tiefe des Hafenbeckens.
Einige Besatzungsmitglieder standen inmitten großer Farbeimer am Kai und nutzten die günstige Gelegenheit, bei sengender Vormittagshitze, Teilbereiche der Bordwand farblich auszubessern. Sie benutzten dafür Farbrollen, die sie an langen Stangen befestigt hatten. Auf der Wasserseite hatten Andere mit Hilfe des Proviantkrans ein Arbeitsfloß ausgesetzt und zusätzlich am Vorsteven eine Stellage ausgebracht. Sie arbeiteten außenbords und bemühten sich von dort aus, auch unser Vorschiff in Farbe zu kriegen.
Im Hafenbecken kurvten derweil emsige Fischer mit ihren exotisch anmutenden Booten zwischen der Großschifffahrt hin und her. Sie legten Netze aus oder sortierten den gerade eingeholten Fang.

Indes sah man Moni und Heinz ganz oben in luftiger Höhe auf dem Balkon des F-Decks in ihren Decksstühlen liegen, wo sie sich die Sonne auf den Pelz brennen ließen.
Obwohl der heutige Donnerstag so etwas wie ein ganz normaler Arbeitstag war, schien aus dieser Ecke des großen Hafens, im Gegensatz zu dem sonst üblichen geschäftigen Treiben, für den Moment jedenfalls eine Oase der Ruhe geworden zu sein. Die riesigen Portalkräne waren hochgeklappt und die Kaianlagen schienen verwaist. Man konnte herumspazieren, ohne Gefahr zu

laufen, von einem 30 to-Container erschlagen zu werden. Auch war niemand da, der etwa auf das Tragen eines Schutzhelmes bestanden hätte oder auf die sonst üblichen, gelb markierten, Fußgängerpfade verwies.

11.00 Uhr war es, als alle Mann wieder auf Manöverstation gerufen wurden. Dicker schwarzer Qualm aus dem Schornstein war untrüglicher Beweis dafür, dass die Hauptmaschine lief. Wohlvertraute Vibrationen erweckten unser Schiff zu neuem Leben. Oben in der Brückennock standen der Alte und ein Lotse.
Im Zeitlupentempo löste sich unser Schiff von der Kaimauer um gleich darauf mit Schlepperassistenz Fahrt aufzunehmen. Waren die sonstigen Ablegemanöver gleichsam Vorstufen für eine mehrtägige Seereise, so sollte der heutige Trip zurück zum Yang Ming-Terminal gerade mal eine Stunde dauern.
Langsam glitt das Hafenpanorama an uns vorüber. Schiffe fremder Nationen liefen ein oder waren gerade im Begriff den Hafen zu verlassen, oder sie lagen an den Piers um be- oder entladen zu werden. Eine Vielzahl kleiner Boote kreuzte scheinbar ziellos in den Hafenbecken herum.

Erbarmungslos brannte die Mittagssonne hernieder.
Da ich nichts Weiteres zu tun hatte, ließ ich mich auf einer Kiste mit Rettungswesten im Schatten der Decksaufbauten nieder und beobachtete von dort aus das emsige Treiben. Ich wurde nicht gebraucht, also ließ ich mich auch nicht von der hektischen Geschäftigkeit um mich herum anstecken. Blindes Streben nach Besitz und Status, das uns letztlich zu Sklaven des Konsums gemacht hat, hatte für mich keine Bedeutung. Warum soll ich es leugnen, wenn ich in diesem Moment, wo ich fernab vom häuslichen Herd auf der anderen Seite des Globusses auf einer Kiste mit Rettungswesten sitzend, mit dem Gefühl der Geborgenheit auf diesem riesigen Schiff, dabei keine Verantwortung für die Abläufe um mich herum tragen zu müssen, so richtig glücklich war, weil der Kopf frei war und Raum ließ für solche Gedanken.

Um 12.30 waren wir wieder fest. Während gleich vier Portalkräne mit dem Beladen unseres Schiffes begannen, machte ich mich auf den Weg in die Messe, wo Moni und Heinz bereits beim Lunch saßen und auf mich warteten. Auch andere Besatzungsmitglieder trafen nach und nach in der Messe ein, um den verspäteten Lunch nachzuholen.

Für den 1.Offizier sollte es wieder ein langer Tag werden.
Wie schon an anderer Stelle erwähnt, ist der Erste zuständig für das richtige Be- und Entladen des Schiffes. So hat er als verantwortlicher Ladeoffizier in den Häfen während des Be- und Entladevorganges jeweils für den richtigen Trimm des Schiffes zu sorgen. Obwohl hierfür ein ausgeklügeltes Computer-Programm zur Verfügung steht, das für eine ausgewogene Lastverteilung an Bord sorgt, kommt es immer wieder einmal vor, dass ein Schiff in Schieflage gerät. Jetzt muss der 1.Offizier eingreifen und versuchen, das Schiff durch Umpumpen von Ballastwasser wieder auf geraden Kiel zu bringen.
In Fällen, wo sich durch irgend einen Umstand die Lastverteilung so ungünstig entwickelt, dass selbst das Verlagern von Ballastwasser nicht den gewünschten Erfolg bringt, ist der 1.Offizier berechtigt, den gesamten Ladevorgang zu stoppen.
Besonderes Augenmerk muss er auf so genannte Gefahrgut-Container richten. Solche Container unterliegen nämlich besonderen Vorschriften und dürfen daher nur an bestimmten Plätzen an Bord gestaut werden.
Da gibt es zum Beispiel Container, die auf Grund ihres Inhaltes nur als Decksladung transportiert werden dürfen. Dagegen dürfen andere Container wiederum nur unter Deck gestaut werden. Wieder andere Container sowohl auf als auch unter Deck. Und da gibt es noch solche, die auf gar keinen Fall mit einem anderen Gefahrgut-Container zusammen stehen dürfen, weil vielleicht der Inhalt des einen Containers mit dem Inhalt des Anderen in einem Schadensfall chemisch reagieren könnte. Auch kommt es immer wieder einmal vor, dass entweder durch Fehlinterpretation einer Vorschrift oder aber auch nur durch einen Fehler im Computerprogramm ein bestimmter Gefahrgut-Container auf einem verkehrten Platz landet. Nun heißt es erstmal für den 1.Offizier Vorschriften wälzen, um den schlüssigen Beweis für ein berechtigtes Umplatzieren zu liefern.
Man muss nämlich dabei wissen, dass das nochmalige Anpacken eines Containers gleich mit mindestens 80 US Dollar zu Buche schlägt.
So ganz nebenbei muss der Erste auch darauf achten, dass alle Twistlocks vollständig an Bord zurückkommen.
Twistlocks nennt man die Befestigungen oder auch Verbindungsstücke, mit denen die Container an Deck oder auch untereinander verbunden werden.
Gerne lässt man sie irgendwo auf der Pier verschwinden, denn bei einem Stückpreis von etwa 25 US Dollar lässt sich so manche –welche Währung auch immer– nebenbei verdienen.
Als Vertreter des Kapitäns ist der 1.Offizier nicht nur kompetenter Ansprechpartner für Jedermann, sondern das Arbeitstier schlechthin. Immer wieder hört man jemand sagen: "wende dich an den Ersten". Und nur selten findet er Zeit, im Hafen an Land zu gehen.

Am äußersten Ende des Terminals stand unterdessen die schneeweiße Luxusyacht verladebereit auf einem Schwergut-Trailer. Eine Anzahl Arbeiter war gerade damit beschäftigt, die letzten Vorbereitungen für das Verladen zu treffen, als ich dort auftauchte. Als "alter" Bootfahrer interessierte ich mich natürlich für ein Schiff dieser Größenordnung. So war ich denn gleich nach dem Lunch von Bord gegangen, um mir die Yacht einmal aus der Nähe anzusehen.
Pünktlich um 14.00 Uhr traf ein 200 to tragender Liebherr-Autokran an der Pier ein. Wegen seiner riesigen Ausmaße stellte der in diesem Bereich arbeitende Container-Portalkran seine Tätigkeit ein und fuhr zur Seite. Nachdem sich nun

der Autokran in Position gebracht hatte, dauerte es noch eine gute halbe Stunde weiterer Vorbereitungen, bis schließlich mit dem eigentlichen Verladevorgang begonnen werden konnte.

Wohl an die zwanzig Leute waren damit beschäftigt, die etliche Millionen teure Fracht ohne Kratzer an Bord unseres Schiffes zu bekommen.
An Breitgurten hängend, löste sich die Yacht im Zeitlupentempo vom Trailer, um wenig später an Bord unseres Schiffes auf den dafür frei gehaltenen Platz abgesetzt und verzurrt zu werden. Später war allerdings von der Yacht nicht mehr viel zu sehen, denn um sie herum wurden im Verlaufe des Nachmittags noch Container bis zu sieben Lagen hoch auf Deck gestapelt.

Um 22.00 Uhr hieß es Leinen los. Wir verließen den Hafen von Kaohsiung und nahmen Kurs auf Hongkong. Bereits morgen Nachmittag sollten wir nach Aussage des Kapitäns dort eintreffen.
Ab jetzt begann für uns die eigentliche Rückreise.
Wie ich bereits an anderer Stelle erwähnte, beabsichtigte unser Koch, in Hongkong abzumustern, um von dort zurück nach Europa zu fliegen. Weitere Besatzungsmitglieder, darunter auch der 2. Offizier, deren Verträge abgelaufen waren, wollten dort ebenfalls das Schiff verlassen. Ersatz hierfür war längst avisiert und sollte in Hongkong an Bord kommen.
Gemeinsam mit Cooki beschlossen wir diesen Tag in unserer Kammer und während für ihn die letzten Stunden an Bord verstrichen, begannen für uns drei Passagiere die ersten Stunden einer langen Rückreise.

Nun sind schon wieder einige Jahre vergangen, als im Juli 1997 in der ehemals britischen Kronkolonie Hongkong der Union Jack eingeholt und dafür die chinesische Fahne gehisst worden ist.
Vieles hat sich seitdem nicht verändert. Die neuen Besitzer haben weder den Linksverkehr abgeschafft, noch die alten Banknoten eingestampft. Auch kann man sich als Tourist in dieser asiatischen Metropole wie früher uneingeschränkt bewegen.

Als unübersehbares Zeichen jedoch, den Herrschaftsanspruch der Volksrepublik China zu manifestieren, findet man neuerdings in der Skyline der Stadt den mit 368 m Höhe bemessenen Neubau der Banc of China. Ein weiteres sichtbares Zeichen für eine Veränderung sind die neuen grünen, mit der Aufschrift "Hongkong Post" versehenen Briefkästen, die gegen die alten roten Briefkästen der "Royal Hongkong Post" ausgetauscht worden sind.

Ein letztes Mal hatte Cooki für uns das Frühstück und den mittäglichen Lunch zubereitet. Danach schloss er seine Kombüse ab, und packte seine Habseligkeiten zusammen. Auch der 2.Offizier verrichtete noch seine letzte 12-4 Uhr - Wache.

Indes standen wir drei Passagiere in Erwartung des bevorstehenden Landfalls ganz oben in der Brückennock, als auch schon die ersten vor gelagerten Inseln die Nähe der Küste ankündigten. Auch der wie üblich in Hafennähe zunehmende und in vorgeschriebene Bahnen gelenkte Schiffsverkehr war untrügliches Zeichen für die Nähe der Hafenstadt Hongkong.

Zwischen den vielen Inseln schlängelte sich die Großschifffahrt vorbei an den New Territories mit ihrer imposanten Hochhauskulisse, wo über 3 Millionen Menschen, oder fast die Hälfte der Gesamtbevölkerung Hongkongs, wohnen.

Tragflächenboote und Schnellfähren flitzten geschäftig zwischen den Inseln hin und her und zeichneten dabei mit ihrem Schraubenwasser kondensstreifenähnliche Linien in die spiegelglatte See. Frachtschiffe in einer Vielzahl, wie wir sie bereits vor Singapur gesehen hatten, lagen auch hier vor der Stadt auf Reede, um geleichtert zu werden.

Eingehüllt in einen milchigen Dunstschleier tauchte hinter der letzten Biegung endlich die ersehnte Skyline der fernöstlichen Metropole Hongkong auf. Direkt voraus kamen die Portalkräne des Containerterminals in Sicht und wie es aussah, schien es keine allzu große Entfernung bis in das Zentrum der Stadt zu sein.

Denn in die Stadt wollten wir noch, das hatten wir uns längst vorgenommen.

Nach einer herzlichen Verabschiedung von Cooki gingen wir von Bord und saßen wenig später bereits in einem Taxi, das uns in weniger als zwanzig Minuten zum Fähranleger in Kowloon brachte. Das Taxi hatten wir am Eingang

des Containerterminals bestiegen und was das Fahrtziel betraf, hatte ich mich im Vorhinein wieder anhand eines Reiseführers kundig gemacht.
Ein faszinierender Blick eröffnete sich uns von der diesseitigen Hafenpromenade auf das gegenüber liegende Breitbild-Panorama von Hongkong Island.

Um hinüber zu kommen, bedient man sich am besten der berühmten rundlichen Star-Ferries, die bereits seit 1898 in 15 minütigem Abstand zwischen Kowloon und Hongkong Island hin und her pendeln.
Auch wir nutzten diese Möglichkeit, kauften die erforderlichen Tickets und reihten uns in die Schlange der Wartenden ein. Durch das Gewusel unzähliger kleiner Boote bahnte sich unsere altertümliche Fähre ihren Weg durch den Victoria Harbour, um bereits nach sieben minütiger Fahrt die Station Central zu erreichen.
Mangels bebaubarer Fläche auf Hongkong Island nutzte man jeden Quadratmeter des Küstenstreifens und baute Hochhäuser auf engstem Raum bis dicht an die Uferkante heran.

So tauchten wir bereits unmittelbar nach Verlassen der Fähre in den Straßenschluchten der Stadt unter.
Unterdessen war es dunkel geworden und bei angenehmen 23 Grad ließ es sich gut aushalten.
Ohne ein bestimmtes Ziel vor Augen, jedoch mit der Absicht, später noch irgendwo einzukehren, um eine Kleinigkeit zu essen, ließen wir uns einfach treiben und einfangen von der Atmosphäre dieser Stadt.
Als wir dann, umbrandet vom Straßenverkehr an irgendeiner Kreuzung standen, dabei Ausschau hielten nach einem geeigneten Restaurant, spielte der Zufall erneut Regie.
Mag sein, dass wir drei etwas hilflos in der Gegend herumstanden, jedenfalls dauerte es nicht lange und ein freundlicher junger Mann in Begleitung einer chinesischen Dame bot uns mit den Worten > may I help you < seine Hilfe an.
Nachdem ich ihm erläutert hatte, dass wir gerne irgendwo zu Abend essen würden, es aber nicht unbedingt eines der umliegenden Nobelhotels sein müsste, hatte er sogleich eine, wie er meinte, gute Adresse parat.
Nicht weit von hier sollte es in einem der älteren Stadtteile Hongkongs eine Ansiedlung vieler Restaurants aus aller Herren Länder geben. Wie er uns weiterhin wissen ließ, sollte dieser Ort ein äußerst beliebter abendlicher Treffpunkt für die Hongkonger Geschäftswelt sein und ihn selbst zöge es auch immer wieder dort hin. So verabschiedeten wir uns nach einer ausführlichen Wegbeschreibung von ihm und machten uns auf den Weg dorthin.
Das Altstadtviertel lag versteckt im Rücken des Hochhausdschungels, dort, wo es hinaufgeht zum Victoria Peak, dem 368 Meter hohen "Balkon" von Hongkong.
Unsere knapp bemessene Zeit ließ es leider nicht zu, mit der 100 jährigen Zahnradbahn hinaufzufahren auf Hongkongs schönsten Aussichtsbalkon, um von dort oben auf das nahezu unendliche Lichtermeer der Stadt, wie es in einschlägigen Reiseführern heißt, zu blicken.
Buntes Treiben empfing uns, als wir die Stätte der Gaumenfreuden betraten.
Restaurationsbetriebe, Bars, Bier- und Weinlokale vieler Nationen reihten sich beiderseits der Straßen aneinander. Die am Hang liegenden Gassen waren für jeglichen Verkehr gesperrt und so gab es dort auch keine Autos, vielmehr standen dort Bistrotische auf den Straßen, an denen hemdsärmelige Leute mit Krawatte ihr Feierabendbier tranken. Es war gerade Happy hour, was gleichsam bedeutete: Man erhielt zwei Getränke zum Preis von einem. Schier unübersehbar war die Menschenmenge, die sich dort eingefunden hatte und auch in den zur Straße hin offenen Lokalen war es gerammelt voll.
Derweil wurden draußen Handzettel verteilt, auf denen sich wieder andere Lokale präsentierten.
Wir hatten uns schließlich nach einigem Überlegen für ein taiwanesisches Restaurant entschieden, das am Ende einer Gasse mit einem einladenden Vorgarten lockte.
Und so saßen wir dann an einem lauen Abend, wo in Europa gerade erst der Frühling begonnen hatte, abseits vom Verkehrsgetriebe und doch mittendrin in der asiatischen Metropole Hongkong, in einem Gartenlokal und ließen es uns gut schmecken.
Den Weg zurück zum Fähranleger durch die geschäftigen Straßen des Central Distrikts fanden wir später ohne Schwierigkeit.
Auf unserem Weg dorthin stellte ich fest, dass sich auch in dieser Stadt Altes mit Neuem in friedlicher Koexistenz verbanden. So fanden sich neben postmoderner

Hochhausarchitektur nicht nur Gebäude der frühen Kolonialzeit, sondern auch immer wieder Tempel, in denen alte chinesische Traditionen gepflegt wurden.
Und genauso selbstverständlich, wie die alte Star Ferry seit mehr als einhundert Jahren ihren Dienst verrichtet, gehören die seit 1904 verkehrenden, bunt bemalten doppelstöckigen Straßenbahnen, neben den modernen Verkehrsmitteln, zum Stadtbild Hongkongs.

Mit der nächsten Fähre fuhren wir zurück nach Kowloon, wo wir noch über den Nightmarket gehen wollten.
Ein Taxi fanden wir gleich nach Verlassen der Fähre und bereits 10 Minuten später standen wir vor dem Eingang des Marktes. Eine unübersehbare Menschenmenge schob sich durch die engen Gänge, vorbei an überladenen Verkaufsständen mit allem möglichen Nützlichen und Unnützlichen.

Vielleicht nirgendwo auf der Welt wird eine solche Warenfülle auf so engem Raum angeboten. Chinesische Seidenkimonos, die Moni und Heinz für die Enkelkinder mitbringen wollten, waren dann auch schnell gefunden. Bezahlen konnte man in allen Währungen, also auch mit D-Mark.
Mit Taschenrechnern und einem Wechselkurs, der mit Sicherheit nicht zu unserem Vorteil war, wurde der Kaufpreis ermittelt. Preisgünstig waren die erstandenen Sachen allemal und so war es auch müßig, irgendeinen Gedanken an die Rechenkünste der Händler zu verschwenden.
Eine ganze Weile ließen wir uns durch die Reihen der Verkaufsstände schieben, um irgendwann am anderen Ende des Nachtmarktes anzukommen.
Es war mittlerweile 22.30 Uhr geworden, und immer noch recht warm. Und weil die Gegend in der wir uns jetzt befanden nicht sehr einladend aussah, entschieden wir, ein Taxi zu suchen, das uns zum Terminal zurückbringen sollte.
Ich hatte mir ausgerechnet, dass die Fahrt zum Gate nicht länger als 20 Minuten dauern würde und wir somit noch vor Mitternacht an Bord eintreffen könnten.
Ich winkte also eine Taxe heran, setzte mich neben den freundlich lächelnden Fahrer und hielt ihm meinen Zettel mit der Anschrift unseres Terminals unter die Nase.
Moni und Heinz saßen wie üblich auf der hinteren Bank.
Mein Bemühen, mit dem Fahrer ins Gespräch zu kommen, wurde mit einem freundlichen Nicken belohnt, konnte andererseits aber auch heißen: Rede man ruhig weiter, ich verstehe dich sowieso nicht. Also schwieg ich.
Schon nach kurzer Zeit erreichten wir den Highway, der nach Norden hin Kowloon mit den New Territories verbindet und dabei auch an unserem Containerterminal vorbeiführte. Während unser freundlicher Buddha nun mit hoher Geschwindigkeit über den Highway bretterte, lehnte ich mich, in dem Glauben er würde schon hinfinden, entspannt zurück. Auch von der hinteren Bank verspürte ich eher entspannte Gelassenheit. Als jedoch irgendwann die letzten Lichter des hell erleuchteten Containerterminals hinter uns verschwunden waren und wir immer noch in rekordverdächtigem Tempo über den Highway bretterten, sprach ich unseren Fahrer erneut an, um ihn darauf hinzuweisen, dass es wohl allmählich Zeit würde, den Highway zu verlassen. Voller Nachsicht nickte mir unser freundlicher Buddha zu, gab noch mehr Gas und machte auch weiterhin keine Anstalten, mit der Geschwindigkeit herunterzugehen, um eventuell an der nächsten Ausfahrt abzubiegen.
Auf der hinteren Bank war es merklich ruhig geworden. Auch war von entspannter Gelassenheit nicht mehr viel zu verspüren.
Chinesisch, nur ein bisschen chinesisch müsste man können, dachte ich, während ich weiterhin auf unseren Fahrer einredete.
Die gut ausgebaute Straße schlängelte sich inzwischen abseits der Küste durch eine Hügellandschaft, bis sie irgendwann im Hochhausdschungel der New Territories in einen Kreisverkehr endete. Nun endlich wachte unser Rennfahrer aus seinem Geschwindigkeitsrausch auf, um dann sogleich festzustellen, dass an diesem Ort wohl kein Terminal für Containerschiffe zu finden war.
Sichtlich nervös geworden, suchte er zunächst Hilfe in einer Straßenkarte, um dann bei nächster Gelegenheit auszusteigen und sich an einer Bushaltestelle beim Fahrer eines gerade haltenden Busses den jetzt dringend erforderlichen Weitblick zu verschaffen.
Ich hatte es längst aufgegeben, weiter auf unseren Fahrer einzureden und schielte nur noch heimlich auf den Taxameter, der mittlerweile die 100 HK-Dollar

Marke überschritten hatte. Auch verspürte ich, dass sich auf der hinteren Bank ein Hauch von Fatalismus breit machte.
Viel später gestand mir Heinz einmal, dass ihm in dem Moment, wo ich aufhörte auf den Fahrer einzureden, Gedanken kamen wie: Oh Gott, jetzt fahren wir bis in alle Ewigkeit, oder: Wenn es morgen hell wird, fahren wir immer noch.
Sehr erschöpfend konnte die Auskunft beim Busfahrer nicht gewesen sein, denn schon kurze Zeit später hielten wir noch einmal und unser Fahrer erkundigte sich erneut nach dem Weg. Aber diesmal bei einem Taxikollegen.
Als wir danach irgendwann die Küste wieder zu Gesicht bekamen, konnte man auf der anderen Seite einer Bucht, in reichlich zehn Kilometern Entfernung, die Lichter des hell erleuchteten Containerterminals erkennen.
Das Ziel vor Augen und doch noch so weit entfernt, als dass man sagen könnte, wir hätten es geschafft, hofften wir gemeinsam, dass der Spuk nun endlich ein Ende nimmt.
So verließen wir nach einer weiteren guten halben Stunde Fahrt, jetzt aus der entgegen gesetzten Richtung kommend, den Highway an der richtigen Ausfahrt, um dann, wir trauten unseren Augen nicht, erneut am Eingang des Terminals vorbeizufahren. Auch dieses Mal schaffte ich es nicht, unseren Fahrer zu bewegen, bei nächster Gelegenheit umzukehren. Und so folgte er weiterhin der Straße, bis diese irgendwo in einer dunklen Ecke des Hafengebietes an einem Zaun endete.
Auch die längste Fahrt geht irgendwann einmal zu Ende, spätestens dann, wenn der Kraftstoff zur Neige geht, dachte ich mir.
Aber so weit sollte es nun doch nicht kommen.
Denselben Weg wieder zurück und ein letztes Mal nachgefragt und wir erreichten tatsächlich den Eingang unseres Terminals.
Sichtlich erleichtert stellte unser Fahrer den Motor ab und nachdem ich ihm bestätigt hatte, dass wir nun endlich angekommen waren, verwandelte sich dann auch sogleich wieder in den freundlichen Buddha, der er war, als wir vor mehr als einer Stunde in sein Taxi einstiegen. Auch interessierte ihn in diesem Moment nicht der auf dem Taxameter aufgelaufene Fahrpreis von nahezu 200 HK-Dollar. Vielmehr gab er mir zu verstehen, selbst zu entscheiden, wie viel wir bezahlen wollten. Einhundert HK-Dollar war uns diese "abenteuerliche" Fahrt dann schließlich doch noch wert, worüber er sich sichtlich freute.
Noch ein paar Höflichkeitsfloskeln und wir verabschiedeten uns voneinander.

Nun stelle man sich vor, wir hätten wegen solcher Verzögerung unser Schiff verpasst; man nennt so was auch „achteraus segeln". Dann hätten wir wohl ein mittelschweres Problem gehabt.
Da gibt es nämlich niemanden an Bord, den es interessiert, ob wir Passagiere rechtzeitig vom Landgang zurückgekommen sind. Wohl erst am nächsten Morgen, wenn unser Frühstückstisch nicht wie gewohnt besetzt ist, würde sich der eine fragen, wo denn die Passagiere sind, und ein anderer würde vielleicht sagen, dass sie wohl noch in der Koje liegen, weil sie letzte Nacht spät an Bord gekommen sind. Aber erst beim mittäglichen Lunch würde man frühestens feststellen, dass die Passagiere nicht an Bord sind.
Na, dann ist sowieso alles zu spät.
Achteraus segeln bedeutet für denjenigen dem es passiert in erster Linie Stress. Aber darüber hinaus bedeutet es auch einen erheblichen Eingriff in die Urlaubskasse, denn Hotelübernachtungen und der Flug zum nächsten Anlaufhafen sind bekanntlich nicht zum Nulltarif zu bekommen. Viel schlimmer

träfe es denjenigen, der in Singapur achteraus segelt, denn vor Rotterdam würde er sein Schiff nicht wieder zu Gesicht bekommen,
Ein ausreichendes Zeitpolster zu besitzen, war daher für uns oberstes Gebot bei allen unseren Landgängen

Am Gate angekommen, trafen wir zu dieser späten Stunde auf andere Besatzungsmitglieder unseres Schiffes, die sich gerade bemühten, für die sie begleitenden Damen –sämtlich Schwestern, wie sie uns glaubhaft!? versicherten- eine Besuchserlaubnis zu bekommen. Als wir dann wenig später an der Reihe waren, erhielten wir ebenfalls vom Immigration Officer eine Besuchserlaubnis obgleich ich immer wieder versuchte, ihn davon zu überzeugen, dass wir Drei nicht beabsichtigten jemanden zu besuchen, sondern Passagiere eines im Hafen liegenden Containerschiffes sind.
Nun war es uns letztlich egal, wie wir in den Terminal gelangten, und so wurden wir schließlich ebenfalls als Besucher von den chinesischen Behörden verwaltet. Interessiert hätte mich schon, wie lange wir wohl als anwesend geführt worden sind, denn unseren Besucherausweis haben wir bis heute nicht wieder abgeliefert. Hongkongs Containerterminal verließen wir nämlich am nächsten Morgen an Bord unseres Schiffes auf der Seeseite.

Herrlicher Sonnenschein und eine ruhige See ließen einen geruhsamen Tag erwarten. Dass sich dieses noch ändern sollte, wussten wir zu diesem Zeitpunkt allerdings noch nicht.
Während der neue Messejunge noch mit erheblichen Defiziten zu kämpfen hatte –er wusste weder, wie eine Kaffeemaschine zu bedienen war, noch wusste er, wie man einen Staubsauger benutzte-, führte sich unser neuer philippinischer Koch gleich mit einem ausgezeichneten Frühstück ein.
Wie wir später erfuhren, war er bereits seit mehr als zehn Jahren für diese Reederei tätig und auch gleich bereit, für unseren polnischen Cooki einzuspringen.
Gleich nach dem Frühstück begaben wir Passagiere uns nach oben auf die Brücke, um von dort das Ablegemanöver zu verfolgen. In gemächlicher Fahrt folgten wir dem Fahrwasser, vorbei an den vielen auf Reede liegenden Frachtschiffen. Ganz allmählich versank die Hochhauskulisse Hongkongs hinter dem Horizont und auch von den vor gelagerten Inseln war bald nichts mehr zu sehen. Die südchinesische See hatte uns eingefangen.
Nichts deutete auf einen Wetterumschwung hin. Doch schon bald bemerkte ich, dass die Sonne sehr viel blasser geworden war. Der Himmel begann sich

zuzuziehen. Wolkenfetzen flogen und der Wind frischte auf. Schwarze jagende Wolken wuchsen schnell über die Kimm und verfinsterten den noch jungen Tag. In der hohen See fing unser Schiff kräftig an zu rollen. Die ständig anrennenden Brecher ließen unser Schiff immer wieder erzittern. Wir hatten uns wieder einmal den Launen des Wetters zu beugen.
Moni ging es nicht mehr so gut und wollte sich hinlegen. Sie strauchelte, als sie die Kammertür öffnete und fand gerade noch Halt an einem Handlauf. Mit einem dumpfen Schlag fiel die sich öffnende Kammertür ans Schott und rastet dort in der Halterung ein.
Einmal mehr zeigte sich, mit welcher Vorsicht Türen bei Seegang zu behandeln sind. Wohl so mancher Seemann hat in der Vergangenheit den einen oder anderen Finger durch eine zuschlagende Tür eingebüßt.
Es regnete Kübelweise. Das Vorschiff war vom Brückendeck zeitweilig nicht mehr auszumachen. Den Scheibenwischern wurde Höchstleistung abverlangt, wenn zusätzlich noch die salzhaltige Gischt der sich brechenden Wellen bis hinauf zu den Brückenfenstern in 40 Metern Höhe getragen wurde. Auch unser Radar zeigte sich in diesem Moment trotz aufgedrehtem Regenenttrüber überfordert. Millionenfache Echos der Regentropfen sowie von den weißen Schaumköpfen der aufgewühlten See, verschmolzen auf dem Bildschirm zu einem Konglomerat aus Reflexen und ließen keine klaren Konturen mehr erkennen. Zwei zusätzlich als Ausguck eingeteilte Wachmatrosen suchten mit ihren Ferngläsern unseren Kurs ab, denn kleine Fischerboote, denen wir immer wieder draußen auf dem Meer begegneten, waren auf dem Radarbildschirm nicht mehr zu erkennen.
Der ganze Spuk dauerte nur etwa zwei Stunden. So plötzlich wie es gekommen war, zog das Wetter wieder ab. Es wurde handlich, wie es im Jargon heißt. Die Sonne machte sich wieder breit. Wolkenlos blaute der Himmel, obgleich die See immer noch hoch ging und die Gischt weiterhin unser Schiff einnebelte.
Nach weiteren zwei Stunden hatte auch der Seegang so weit nachgelassen, dass man sich, ohne nass zu werden, wieder nach draußen wagen konnte.
Mitglieder der Deckscrew hatten bereits begonnen, unser Schiff mit Frischwasser aus der Feuerlöschleitung von einer Salzkruste zu befreien. Die Rückstände der überkommenden salzhaltigen Gischt hatten Gangborde und Teile der Aufbauten stellenweise in eine „Schneelandschaft" verwandelt. Unterließe man diese so wichtige Tätigkeit, würde das Schiff schon nach kurzer Zeit zu einer Rostlaube mutieren.
Der Rest des Tages verlief dann wieder in geordneten Bahnen. Moni ging es wieder besser und jede weitere Stunde brachte uns unserem nächsten Anlaufhafen Singapur ein Stück näher.
Nach dem Lunch traf ich mich mit dem Chiefingenieur in seiner Kammer, wo wir bei einem guten Whisky –als geistige Nahrung- gemeinsam versuchten, ein technisches Problem an der Proviantkälteanlage zu lösen.
Wir hatten gerade die notwendigen technischen Zeichnungen vor uns auf dem Tisch ausgebreitet, als ein Generalalarm über die zentrale Überwachungsanlage in der Kammer des Chiefs auflief. Seinem Verhalten nach hatte der Chief bereits Sekunden vorher eine Veränderung der Vibration im Schiff wahrgenommen. Noch bevor uns der Alarm hoch schreckte, war er bereits mit den Worten >die Hauptmaschine steht< aufgesprungen. Ein kurzer Anruf nach unten in den Keller bestätigte seine Befürchtungen.

Die veränderte Situation verlangte natürlich sein sofortiges Erscheinen im Maschinenraum, weshalb wir unser jetzt zu einer marginalen Angelegenheit gewordenes Problem auf unbestimmte Zeit vertagten.
Noch bevor er die Kammer verlassen konnte, rief der Alte an, um sich nach der Lage zu erkundigen.
Nun war ein Ausfall der Hauptmaschine zu diesem Zeitpunkt, wo wir uns mitten in der Südchinesischen See befanden, nicht ganz so dramatisch, denn es gab keine weiteren Schiffe außer uns im Umkreis von 30 Seemeilen. Auch hatte sich die See zwischenzeitlich soweit beruhigt, dass von dieser Seite ebenfalls keine Gefahr zu erwarten war.
Trotzdem gibt es draußen auf dem Meer nichts Hilfloseres, als ein maschinengetriebenes Schiff mit gestoppter Maschine.
Ich nutzte die Gelegenheit und sandte ein weiteres, längst vorbereitetes Fax, wie an jedem Samstag, an unsere Freunde in Hemme. Auf Grund der Zeitverschiebung war es halb zwölf Uhr vormittags in Dithmarschen. Und genau zu diesem Zeitpunkt, wusste ich, wartete man auf eine Standortmeldung von mir.
Auf der Brücke war es Mäuschen still, als ich mit meinem Fax erschien. Nur das leise Singen des Radars war zu vernehmen. Während sich der Alte mit auf dem Brückenpult liegenden Füßen in seinen Sessel geflätzt hatte, war der Erste mit der Aktualisierung von Leuchtfeuerverzeichnissen beschäftigt. Beide Nocktüren standen weit offen und eine leichte, angenehm temperierte Brise durchströmte das Brückenhaus.
Nach einer gute Stunde verspürten wir plötzlich wieder die leichten, wohl vertrauten Vibrationen im Schiffskörper. Die Hauptmaschine lief wieder. Ein Blick aus dem Kabinenfenster bestätigte, dass wir wieder Fahrt aufgenommen hatten. Nennenswertes geschah an diesem Tag nicht mehr.
Auch die beiden folgenden Tage verliefen in wohltuender Ereignislosigkeit. Es wurde der reinste Schönwettertörn.
So findet sich denn auch in meinen Bordnotizen für den 26. und 27. März nur der Hinweis auf zwei Seetage bei bestem Wetter, ohne nennenswerte Vorkommnisse.

Auch heute hatte es mich wieder auf meinen Lieblingsplatz, oben auf dem Windenfahrstand, verschlagen. Während ich dort saß und schrieb, versuchte der warme Fahrtwind immer wieder die Blätter meines Manuskriptes umzuschlagen. Hin und wieder schweifte mein Blick über die ruhige See. Meine Gedanken

verloren sich in der Ferne. Über Kopfhörer hörte ich Mozarts Klavierkonzert Nr.21 in C - Dur. Ich fühlte totale Zufriedenheit.
Mit jedem Tag, den wir uns Singapur näherten, wurde es wärmer. Die Tage verabschiedeten sich in diesen Breitengraden jeweils pünktlich um 18.00 Uhr, meist mit phantastischen Sonnenuntergängen. Dabei ließen die kurzen Abenddämmerungen wegen der hohen siderischen Geschwindigkeit in Äquatornähe den Eindruck erwecken, als fiele die untergehende Sonne ins Meer.
Ebenso schnell stieg sie am nächsten Morgen pünktlich um 6.00 Uhr am östlichen Himmel wieder auf. Mittags um zwölf stand sie dann direkt über einem, wodurch die Schatten immer kürzer wurden. Dabei heizte sich das Deck über Tag so dermaßen auf, dass man es ohne Sandalen nicht betreten konnte.

So hielt ich mich denn gerne während der Mittagshitze im wohltemperierten Brückenhaus auf, wo der Dritte seine 12-4 Uhr Wache verrichtete. Darius Kramin, so hieß der dritte Offizier. Er kam aus Polen und auch er beantwortet gerne meine Fragen.

Morgen früh sollen wir nach zum Teil ereignisreichen Tagen auf See, zum zweiten Mal Singapur anlaufen. Wie mir der Alte mitteilte, würde der Liegeplatz aber ein Anderer sein, als beim ersten Mal.
Als ich am nächsten Morgen wie üblich um 7.00 Uhr aufstand und die Vorhänge unserer Kabinenfenster zur Seite schob, lagen wir bereits fest an der Pier.
Schon lange stand fest, dass wir gleich nach dem Frühstück an Land gehen wollten. So standen wir also bereits um halb neun im Shipsoffice, um unsere Pässe in Empfang zu nehmen. Aber, wie schon beim ersten Mal, verzögerte sich auch heute Morgen die Ankunft des Agenten und dem Vernehmen nach war mit seinem Eintreffen vor 11.00 Uhr auch nicht zu rechnen. So stellte sich uns erneut die Frage zu warten, oder wie beim ersten Mal zu versuchen, mit Ausweiskopien das Gate zu passieren.
Vielleicht hatten wir ja das Glück, denselben Imigrationofficer vom letzten Mal anzutreffen.
Als wir nach einer längeren Fahrt am Gate eintrafen und den Shuttlebus verließen, sah ich schon aus einiger Entfernung, dass ein anderer Beamter

Dienst tat. >Na, wenn das man gut geht,< oder so etwas ähnliches, hörte ich noch Heinz sagen, als ich das Office betrat. Darauf vorbereitet, meinen Vers vom letzten Mal wiederholen zu müssen, legte ich dem Beamten die Ausweiskopien vor. Ich beeilte mich noch, ihm zu versichern, dass wir auch bestimmt am Nachmittag zurückkehren würden. Ich muss gestehen, dass ich ziemlich überrascht war, als er mir nach einem kurzen Blick auf unsere "Dokumente" mit einer Handbewegung bedeutete, dass wir passieren dürften.
Und so beeilten wir uns und verließen auf kürzestem Weg den Terminal. Mit einem Taxi gelangten wir in weniger als einer viertel Stunde ins Zentrum von Singapur.
Unser erstes Ziel sollte das Handicraft Centre in Chinatown sein, darüber waren wir uns schon im Vorhinein einig. Auch ein Besuch auf Sentosa Island stand für heute auf dem Programm. Aber dazu später mehr.
Das Handicraft Centre sollte laut Reiseführer die erste Adresse für Handgemachte Mitbringsel sein. In der Tat fand man dort alles, vom Kunsthandwerk bis Kitsch. Neben Holzschnitzereien aus Indonesien fand man Porzellanfiguren sowie Jade in jeglicher Form, Zinnwaren aus Malaysia, chinesische Siegelstempel, aber auch antikes. Es war denn auch nicht all zu schwierig, etwas Passendes für einen angemessenen Preis zu finden.
Die Seidenkrawatte zum Beispiel, die ich bei einem Inder für 10 HK-Dollar erstand, trage ich auch heute noch gerne.
Gegen Mittag verließen wir Chinatown wieder und ließen uns mit einem Taxi zur Seilbahnstation nach Sentosa Island fahren. Die Station selbst befand sich in 60 Metern Höhe auf einem Turm. Nachdem wir die erforderlichen Tickets gelöst hatten, brachte uns ein Fahrstuhl hinauf auf die Gondel-Plattform.

Sofort nach Verlassen der Station eröffnete sich uns aus der Gondel heraus ein faszinierender Blick auf die nähere und weitere Umgebung Singapurs. Zur Linken die Hochhauskulisse der Stadt sowie das großflächige Areal des Containerhafens, in dem irgendwo unser Schiff lag. Unter uns lag das World Trade Center mit den Kaianlagen für die weltweite Passagierschifffahrt. Weiter hinten zwischen den vor gelagerten Inseln sah man eine Vielzahl von Frachtschiffen auf Reede liegen. Direkt vor uns lag unser Ziel, Sentosa Island.

Eine mehrsprachige Tonbandeinspielung informierte die Gondelfahrer während der 10 Minuten Fahrt in luftiger Höhe über alles Wissenswerte.

Es versteht sich von selbst, dass wieder einmal etliche Meter Film dran glauben mussten und noch viele weitere Meter Film sollten folgen, als wir Sentosa erreichten.
Sentosa, ein sehr beliebtes Ausflugsziel der Singapurer, liegt auf einer der vielen vor gelagerten Inseln. Tropische und exotische Pflanzen, die das ganze Jahr über blühen, lassen uns europäische Kleingärtner vor Neid erblassen.

Palmen bewachsene weiße Sandstrände, ein tropischer Urwald, große Gärten, in denen unter riesigen Netzen Schmetterlinge herumflatterten, ein Aquarium, das man in einem Glastunnel unterwandern konnte, waren weitere Attraktionen auf dieser sehenswerten Insel. Wanderlustige mochten die Insel zu Fuß erkunden, Fußlahme hingegen konnten sich bequem mit kostenlosen Bussen oder einer Einschienenbahn über die Insel kutschieren lassen.
Wir hatten es vorgezogen, die Insel, soweit es unsere Zeit erlaubte, zu Fuß zu erkunden. Leicht bekleidet, wie wir waren, ließ es sich in der Mittagshitze in der parkähnlichen Landschaft gut aushalten, denn hohe tropische Bäume spendeten

immer wieder ausreichend Schatten. Schwer lag der Duft von Blumen und Pflanzen in der Luft.

Hier mal eine Rast unter Palmen am tropischen Strand, dort einen gekühlten Drink in einem klimatisierten Lokal, kurzweilige Unterhaltung durch einen Inder, der sich redlich bemühte, mit Flötentönen eine Schlange aus einem Korb zu locken, dieses und vieles mehr ließ bei uns wieder einmal so richtig Urlaubsstimmung aufkommen.

Ein weiterer ungetrübter Tag neigte sich dem Ende entgegen, als wir noch gerade rechtzeitig zum abendlichen Dinner an Bord auftauchten. Ohne dass wir es so recht gewahr wurden, hatte sich der Himmel in kürzester Zeit verfinstert und ein schweres tropisches Gewitter mit sintflutartigen Regenfällen prasselte auf unser Schiff hernieder.
Es regnete Kübelweise wie man zu sagen pflegt. Nicht auszudenken, wenn es uns auf Sentosa überrascht hätte.
Der Auslauftermin war auf 20.30 Uhr festgesetzt und während ich mit Heinz bei einem Wodka Lemmon gemütlich in seiner Kammer hockte, gingen draußen trotz widriger Wetterverhältnisse die Verladearbeiten ohne Unterlass weiter.
So plötzlich wie das Unwetter gekommen war, hörte es wieder auf. Nur noch eine dünne, über dem Wasser wabernde, Dunstschicht, zeugte von der niedergegangenen Regenflut. Und nachdem sich die Sonne in einem virtuosen Farbenspiel verabschiedet hatte und hoch oben die ersten Sterne anfingen, ihr diskretes Licht auszusenden, verließen wir Singapur zu unserer siebzehntägigen Rückreise nach Europa.
Rotterdam sollte unser nächster Hafen sein. Aber bis dahin lagen noch fast 9.000 Seemeilen oder mehr als 16.000 Kilometer vor uns.
Seit Mitternacht befuhren wir wieder, diesmal nordwärts gehend, die berüchtigte Malakka-Straße, weshalb dieselben Sicherheitsmaßnahmen wie schon bei der Hinfahrt befolgt werden mussten. Auch für den ganzen nächsten Tag noch galt Alarmstufe rot, wie es im Jargon heißt. Eine weitere Nacht noch und wir hatten es auch dieses Mal wieder geschafft, unbeschadet das andere Ende der Malakka-Straße zu erreichen.

Neben Kap Hoorn, dem Schrecken der Fahrensleute auf Segelschiffen oder dem Kap der guten Hoffnung mit seiner sich steil aufbauenden See, gehört der Indische Ozean wegen seiner Zyklone zu den gefürchteten Ecken der Weltmeere.
Als wir andertags im Indischen Ozean waren, zeigte sich dieser jedoch von seiner besten Seite. Nun darf man allerdings nicht verschweigen, dass wir zu einer Jahreszeit dort waren, wo es keine Zyklone gibt. So glich denn der Indische Ozean auch während der nächsten sechs Tage eher einem Ententeich.

Sechs Tage benötigten wir nämlich, um den Golf von Aden am südlichen Ende Saudi Arabiens zu erreichen. Während dieser Tage verbrachten wir viele Stunden unter tropischer Sonne auf dem Vorschiff, unterbrochen nur von den Mahlzeiten. Oft saß ich allein auf meinem Lieblingsplatz, oben auf dem Windenfahrstand.

Auf westlichem Kurs durchfuhren wir jeden zweiten Tag eine Zeitzone. Die Uhren mussten dann jeweils um eine Stunde zurückgestellt werden, was für uns gleichermaßen eine Stunde mehr Schlaf bedeutete. Hingegen bedeutete es für die Wachgänger eine Verlängerung der Wache um jeweils zwanzig Minuten. Seemannslos!
Vorbei an den Malediven, deren Atolle vom Brückendeck gut auszumachen waren, und der Küste Sri Lankas strebte unser Schiff unentwegt dem Horn von Afrika entgegen.

Ein weiterer Anlass für eine Feier kündigte sich an. Die Reederei hatte die Besatzung nebst Passagieren per Fax zum 25 jährigen Betriebsjubiläum eingeladen. Und um diesen Tag würdig zu begehen, wollte die Reederei sämtliche Kosten für eine zünftige Grillparty übernehmen.
Dass sich unser neuer philippinischer Koch schon gleich zu Beginn seiner Tätigkeit bei der Besatzung gut eingeführt hatte, erwähnte ich ja bereits an anderer Stelle. So bereitete ihm die Ausrichtung einer Grillparty für 25 Besatzungsmitglieder auch keine sonderlichen Probleme. Er zog also wieder alle Register einer langjährigen Erfahrung und leistete damit erneut seinen Beitrag zum guten Gelingen dieser Jubiläumsparty.

Wohl jeder, der mit der Schifffahrt jemals etwas zu tun hatte weiß, dass der Koch mit zu den wichtigsten Besatzungsmitgliedern an Bord eines Schiffes gehört. Wer sonst könnte mit einem schmackhaften Essen besser für das Wohlbefinden der Mannschaft während eines langen Seetörns beitragen als der Koch. Ein gut zubereitetes und abwechslungsreiches Essen war und ist immer noch Garant für eine zufriedene Mannschaft.
Überlieferungen sagen, dass ein schlechter Smutje, wie früher einmal der Schiffskoch genannt wurde, ständig Gefahr lief, von einer unzufriedenen Mannschaft gekielholt zu werden.
In dieser Hinsicht hatten wir, oder besser gesagt die Mannschaft unseres Schiffes, das große Los gezogen. Unser Koch verstand es, die Mannschaft und natürlich auch uns Passagiere, jeden Tag aufs Neue mit einem schmackhaften und sich nie wiederholenden Lunch zu überraschen. Auch das abendliche Dinner gab nie Anlass zu irgendwelcher Kritik.
Aber fange ich doch einfach morgens beim Frühstück an.
Eggs to order, Ministeaks, Sossages, Omelets, Pancakes waren nur einige Dinge, die bereits zu früher Stunde auf dem Speisenplan standen. Gab es zum Beispiel Eggs to order, so konnte man wählen zwischen hart gekochten Eiern, Rühreiern mit Zwiebeln und Speck oder auch Spiegeleiern mit gebratenem Speck. Hinter Ministeaks verbarg sich gebratenes Rindfleisch in einer Paprikasoße. Hatte man Appetit auf Sossages, so erhielt man Bratwurst. Gab es dann mal Pancakes, so konnte man zwischen Pfannkuchen mit Apfelmuß oder solchen mit Käse wählen. Schließlich gab es da noch Omelets, zubereitet nach mexikanischer Art.
Wer allerdings am frühen Morgen noch nicht so den richtigen Appetit auf solche Dinge hatte, bestellte sich Baguette oder Croisson.
Graubrot, Schwarzbrot, verschiedene Marmeladen sowie eine Platte mit gemischtem Aufschnitt standen sowieso auf dem Tisch.
Zum mittäglichen Lunch gab es bereits die nächste warme Mahlzeit. Eine Schüssel mit Salat stand bereits auf dem Tisch, wenn wir so gegen 12.00 Uhr die Messe betraten. Daran anschließend wurde die täglich wechselnde Vorsuppe in einer großen Terrine aufgetragen. Es folgte der Hauptgang als Tellergericht. Bereits in der Küche nett zubereitet gab es entweder Steak, Kasseler oder Rinderbraten, aber auch mal Hähnchen- oder Entenbraten. Dazu wurden entweder Salzkartoffeln oder Kroketten gereicht. Täglich wechselndes Gemüse rundete das Ganze schließlich ab. Donnerstags, zum Seefahrer-Sonntag und auch am eigentlichen Sonntag gab es zum Nachtisch Speiseeis.
Um 15.00 Uhr gab es für jeden der wollte Kaffee oder Tee, in der Regel mit etwas Gebäck. Donnerstag zum Seefahrer-Sonntag und wiederum am eigentlichen Sonntag wurde Kuchen oder auch Torte angeboten.

Das abendliche Dinner nahmen wir um 18.00 Uhr zu uns. Es bestand wiederum aus einer warmen Mahlzeit, ausgenommen am Sonntag, denn dann gab es cold cuts. Nun verbarg sich dahinter natürlich keine kalte Katze, wie es an Bord gerne scherzhaft interpretiert wurde. Es war geschnittenes Brot, das von jedem, ähnlich wie bei einem kalten Buffet, selbst belegt werden musste. Hierfür stand auf einem separat gedeckten Tisch Aufschnitt, Käse, Dosenfisch und etliches mehr bereit.

Serviert wurde das Ganze von einem immer gut aufgelegten Messesteward. Schon morgens zum Frühstück empfing er uns in der Messe und kündigte an, was Cooki an warmen Gerichten für die Mannschaft zubereitet hatte.

So vergingen die Tage. Sonnenschein pur, das Meer tiefblau wie der Himmel. Wasser bis zum Horizont und dahinter wieder Wasser. Fast übergangslos wichen die Tage den Nächten. Das Kielwasser wie eine silberne Schleppe hinter sich herziehend, bahnte sich unser Schiff seinen Weg durch den spiegelglatten Ozean.

Heute, am 3. April, nach sechstägiger Fahrt durch den Indischen Ozean, sollen wir das Horn von Afrika, also den östlichsten Punkt von Afrika erreichen.
Dies erfuhr ich vom Wachhabenden, als ich wie üblich bereits vor dem Frühstück auf der Brücke erschien, um die neuesten Nachrichten über Kurzwelle zu hören. Nach weiteren 24 Stunden Fahrt durch den Golf von Aden würden wir dann morgen Abend den südlichen Eingang zum Roten Meer erreichen.
Im Golf von Aden bekamen wir die ersten Gegenkommer auf ihrem Weg nach Fernost zu Gesicht. Die Meerenge von Bab el Mandab war nicht mehr allzu fern. Auch heute saßen wir drei Passagiere nach Sonnenuntergang wieder draußen an Deck oder standen an der Reling und genossen den lauen Sommerabend. Dabei umstreichelte warmer Fahrtwind wohltuend unsere nackten Beine. Am Horizont sah man die fernen Lichter der Küste von Somalia. Über uns wölbte sich der Nachthimmel mit seinen zahllosen Fixsternen: Welch ein famoser Sommernachtstraum.
Nach Passieren der Meerenge von Bab el Mandab am nächsten Abend begann noch einmal die 2000 Kilometer lange Fahrt durch das Rote Meer, diesmal jedoch in umgekehrter Richtung. Vorbei an den Küsten von Eritrea, dem Sudan

und später Ägypten an unserer Backbordseite sowie Saudi Arabien an Steuerbord, bewältigte unser Schiff diese Teilstrecke in drei Tagen. Auch das Rote Meer zeigte sich zu dieser Jahreszeit von seiner besten Seite. Eine spiegelglatte See und Lufttemperaturen so um 35 Grad machten den Aufenthalt an Deck zum reinsten Vergnügen.
Wie auch wir, strebte eine Vielzahl von Schiffen dem Sueskanal entgegen. Andere Schiffe wiederum, die uns entgegen kamen, waren auf dem Weg in den fernen Osten oder vielleicht lag ihr Zielhafen irgendwo an der Ostküste von Afrika oder sogar in Australien. In regelmäßigen Abständen passierten wir Ölförderplattformen, die mitten im Roten Meer standen und des Nachts, hell erleuchtet, großen Passagierschiffen nicht unähnlich waren.
Auch am dritten Tag unserer Fahrt durch das Rote Meer brannte die Sonne unerbittlich auf uns hernieder. Völlige Windstille herrschte, als wir den Golf von Sues erreichten.

Eine gelbliche Dunstschicht, nur wenige Meter dick, lag über der bleiernen See und versperrte die Sicht auf den Horizont. Kleine Inseln schienen –einer Fata Morgana gleich- auf der Dunstschicht zu schweben. Diesem phantastischen Anblick sollte leider bald Ernüchterung folgen, denn nach Aussage der Schiffsführung waren es schweflige Dämpfe, die bei der Ölförderung freigesetzt wurden. Sie hatten sich bei völliger Windstille auf der Wasseroberfläche ausgebreitet. Schön anzusehen war es ja, trotzdem zogen wir es vor, den Rest des Tages in den Aufbauten zu verbringen. Auch den heutigen Sonnenuntergang verfolgten wir später von höherer Warte, nämlich vom Brückendeck aus.
Über Nacht hatten wir den Sueskanal erreicht. Als ich früh morgens aufwachte, fehlten zunächst die vertrauten Vibrationen eines in Betrieb befindlichen Schiffsdiesels. Auch fehlte das immer währende Geräusch eines vibrierenden Zahnputzglases im Bad, das durch Resonanzschwingungen während der gesamten Reise zum ständigen Klappern in seiner Halterung angeregt wurde. Die ungewohnte Stille war untrügliches Zeichen dafür, dass wir aufgestoppt hatten.
Als ich dann später auf der Brücke erschien, lag vor uns die Einfahrt zum Sueskanal und zu seiner Linken, in der aufgehenden Sonne, die Stadt Sues.

Eine Vielzahl anderer Schiffe, so auch das neue Passagierschiff Bremen der Hapag Lloyd Reederei, lagen gleich uns in sicherem Abstand zueinander am Anker.
Klar von Allem, schwoiten die Schiffe gemächlich vor ihren Ankerketten.

Ich stand mit dem Ersten in der Brückennock und während wir uns über die bevorstehende Kanalfahrt unterhielten, kam der dritte Offizier zur Ablösung auf die Brücke. Dabei muss man wissen, dass auch am Anker das Drei- Wachen-System gegangen wird.
Mit einem Kanallotsen an Bord gingen wir um 9.00 Uhr Anker auf und fädelten uns als drittes Schiff eines langen Konvois in den Sueskanal ein. Im Großen Bittersee warteten wir auf den von Norden kommenden Konvoi und konnten danach die Fahrt Richtung Mittelmeer ohne Unterbrechung fortsetzen. Abgesehen von den Mahlzeiten, hielten wir Passagiere uns während der gesamten Kanalfahrt draußen an Deck auf.
Wie bereits auf der Hinfahrt, gab es auch jetzt wieder vieles Interessantes zu beobachten. Da querten immer wieder altertümliche Fähren mit Wellblechdächern, voll gestopft mit Fahrgästen, die zum Teil noch außerhalb der Reling standen, den Kanal.

Wir passierten eine noch im Bau befindliche, von Japan finanzierte und von japanischen Technikern erstellte Hochbrücke, die nach Fertigstellung den Sinai mit Ägypten verbinden wird. Eine weitere, von Krupp erstellte und mit deutschen Mitteln finanzierte riesige Drehbrücke war an anderer Stelle im Bau. Und immer wieder Jugendliche, die am Kanalufer standen und während der Vorbeifahrt zu uns herüber riefen und winkten.

Es war längst dunkel geworden, als wir das andere Ende des Kanals bei Port Said erreichten. Sowohl die Suesbesatzung als auch der Kanallotse verließen nacheinander unser Schiff. Ich verließ die Brücke so gegen 21.00 Uhr. Um diese Zeit nämlich hatte der Alte sein Schiff, vorbei an einer großen Zahl am Anker liegender Schiffe, in die freie See bugsiert. Der Kurs war auf 307 Grad abgesetzt und mit dem Kommando „full speed ahead" leitete er den Seatrail ein. Ab jetzt begann unsere fast vier Tage während Fahrt durch das Mittelmeer. Und nachdem der Dritte nun die Brückenwache übernommen hatte, verabschiedete sich auch der Alte, um nach einem langen Tag nach Hause zu gehen.

Heute am 41. Tag unserer Reise, standen wir morgens südlich von Zypern. Obwohl die Sonne schien, ließ ein heftiger Wind die Außentemperatur gerade mal auf 17 Grad ansteigen. Die in der untersten Schublade verstauten Pullover wurden wieder hervorgekramt und auch übergezogen, bevor man die geschützten Aufbauten verließ um an Deck zu gehen.
Ein geschütztes Plätzchen zum Lesen fand ich nach dem Frühstück oben auf dem F-Deck im Windschatten des Schornsteins. Moni und Heinz hatten es vorgezogen auf der Kammer zu bleiben.
Dass dieser so friedvoll beginnende Tag noch während der nächsten Stunde eine dramatische Wende nehmen sollte, wusste ich zu diesem Zeitpunkt noch nicht.
Auf einem mitlaufenden Hubschrauberträger der britischen Navy, den wir aufholten, wurden gerade Starts und Landungen geprobt. Durch mein Fernglas war gut zu erkennen, wie Kampfhubschrauber gleichsam Libellen ihr fahrendes Zuhause umkreisten. Heftig stampfte der graue, von Gischtfahnen überzogene, riesige Schiffskörper in der aufgewühlten See.
Wie ich bereits an anderer Stelle dieses Berichtes erwähnte, bewohnten wir Passagiere das E-Deck, was in etwa der fünften Etage eines sechsgeschossigen

Hochhauses entspricht. Der Alte und der Chief hatten ihre Kammern auf dem F-Deck, also auf der sechsten Etage. Das Brückendeck mit dem Brückenhaus auf der siebten Etage wäre dann der Dachboden, während das Peildeck mit dem Signalmast und den Radarantennen dem Dach eines fiktiven Hochhauses entspräche.

Ein Matrose hatte nun den Auftrag erhalten, die rückwärtigen Fenster des Brückenhauses von außen zu reinigen. Da sich diese Fenster nicht öffnen ließen, kam der Bootsmannsstuhl zum Einsatz. Mit dem Bootsmannsstuhl unter dem Arm, erklomm der Matrose zunächst über eine Außen liegende Leiter das Peildeck, also das Dach des Brückenhauses. Die Leinen seines Bootsmannsstuhles befestigte er dabei an der rückwärtigen Reling des Peildecks. Von dort oben wollte er sich nun, auf dem Bootsmannsstuhl sitzend, langsam zu den tiefer gelegenen Brückenfenstern wegfieren lassen.

Für nicht Eingeweihte sei kurz gesagt, dass der Bootsmannsstuhl ein Sitzbrett mit über Kreuz eingespleißtem Hahnepot ist, der in der Regel dort eingesetzt wird, wo man mit Leitern nicht mehr hinkommt.

Während er nun frei hängend, etwa sieben Meter über dem E-Deck, mit Seifenlauge und Bürste den Fenstern zu Leibe rückte, muss sich irgendwann eine Leine seines Bootsmannsstuhles gelöst haben, was dann zum sofortigen Absturz des Matrosen führte.

Aufgeschreckt von dem dumpfen Aufschlag des Körpers, drehte ich mich um und sah unter mir auf dem E-Deck den Verunglückten liegen. Zunächst unfähig etwas zu tun, starrte ich auf den daliegenden Körper. Erst sein Mark erschütternder Aufschrei, der kurz darauf folgte, ließ mich wieder zur Besinnung kommen. Schon Augenblicke später rannte ich los und stand bereits wenige Sekunden später vor der Kammer des Kapitäns um Meldung zu machen. Da seine Kammertür weit offen stand und er selbst nicht anwesend war, vermutete ich, dass er auf der Brücke ist. Zwei Stufen auf einmal nehmend, rannte ich durch das Treppenhaus nach oben, wo der Alte bereits dabei war, den Rettungstrupp über Bordlautsprecher zu alarmieren. Gleichzeitig befahl er den wachfreien 2. Offizier, in seiner Funktion als Gesundheitsoffizier, zum Unglücksort auf das E-Deck.

Dass der Matrose den Absturz überlebt hatte und bei Bewusstsein war, erfuhr der Alte wenig später über Sprechfunk vom inzwischen am Unglücksort eingetroffenen 2. Offizier. Über den Grad der Verletzungen konnte dieser aber noch keine Angaben machen.

Unterdessen hatte unser Kapitän Funkkontakt mit dem uns immer noch in Sichtweite folgenden Hubschrauberträger aufgenommen, dessen Arzt anhand des Verletzungsmusters kompetente Anweisungen für eine Erstversorgung geben konnte. In relativ stabilem Zustand wurde der Verunglückte dann später auf einer speziellen Schiffskrankentrage zur Weiterbehandlung in das Schiffshospital transportiert.

Wie mir der Kapitän mitteilte, wollte man zunächst versuchen, den Patienten bei uns an Bord zu behandeln, um ihn dann bei Ankunft in Rotterdam in ein Krankenhaus zu bringen. Sollte sich jedoch sein Zustand verschlechtern, wollte man sofort einen Hubschrauber vom Träger anfordern, damit die medizinische Versorgung unter fachärztlicher Aufsicht durchgeführt werden konnte.

Ein oft geübter Notfall war nun plötzlich zum Ernstfall geworden.

Betroffenheit in der Crew, aber auch bei uns Passagieren, hatte sich breit gemacht. Und nur ganz allmählich ging man wieder zur Tagesordnung über.

Für die Versorgung von Patienten auf See steht dem Gesundheitsoffizier eine medizinische Ausrüstung zur Verfügung. Das ship's medical equipment. Es ist ein Sammelbegriff für an Bord mitzuführende Arzneimittel. Dazu gehören auch Instrumente, Verbandsmittel, Krankenpflegeartikel sowie medizinische Geräte. Die dafür bestehenden verbindlichen Ausrüstungslisten sind nach Personenzahl sowie Fahrtdauer gegliedert. Die Einheitlichkeit der Ausrüstung ermöglicht erst eine präzise funkärztliche Beratung. Für die Aufbewahrung der medizinischen Schiffsausrüstung steht ein genormter Schiffsapothekenschrank zur Verfügung, in dem die Ausrüstung, entsprechend einer vorgeschriebenen Packordnung, untergebracht ist. Der Schiffsapothekenschrank wird jährlich durch einen Hafenarzt auf Vollständigkeit überprüft.

Heute ist Sonntag. Und wie an jedem Sonntag wurde auch heute wieder ein Gottesdienst in der Kammer des Kapitäns abgehalten. Eingeladen waren außer uns Passagieren die dienstfreien Offiziere sowie der Chiefingenieur. Nun hatte dieser Gottesdienst, der jeweils um 11.oo Uhr begann, nicht viel gemein mit einem herkömmlichen Gottesdienst. Vielmehr verbarg sich dahinter ein simpler Frühschoppen. Es wurden dabei weder geistliche Themen behandelt, noch wurden geistliche Lieder gesungen. Das Hauptthema des heutigen Gottesdienstes war natürlich der gestrige tragische Absturz des Matrosen. So wie es aussah, würde er nun wohl doch bis Rotterdam an Bord bleiben können, ließ der Alte verlauten. Offensichtlich hatte ein Liegestuhl aus Kunststoff, der genau dort gestanden haben soll wo er aufschlug, seinen Sturz gemildert. Herumliegende Bruchstücke dieser Liege ließen diesen Schluss zu, was auch später seine Bestätigung fand.

Mit jedem Tag, dem wir uns der Meerenge von Gibraltar näherten, wurde es kühler. Auch von Wetterbeständigkeit konnte keine Rede mehr sein.
Vorgestern noch, während des Frühschoppens beim Kapitän, goss es fast den ganzen Tag in Strömen. Wir befanden uns zu diesem Zeitpunkt gerade südlich von Sizilien und hatten deshalb Gelegenheit, das vom italienischen Sender RAI-UNO aus Imola übertragene Formel 1 Rennen im Fernsehen zu verfolgen. Als der Regen dann am späten Nachmittag aufhörte, frischte der aus Südost kommende Wind auf. Über Nacht nahm er noch an Stärke zu und bescherte uns allen eine unruhige Nacht. Die Meter hohen achterlichen Seen hoben das Heck unseres Schiffes in die Höhe, glitten am Schiffsrumpf entlang und zerliefen unter dem Bug. Dabei bewegte sich der Schiffskörper um seine Längsachse. Rollen nennt man so etwas. Absolut nicht magenfreundlich waren diese Bewegungen. Moni ging es in dieser Nacht wieder einmal nicht ganz so gut. Wann sie den Schlafraum verlassen hatte, weiß ich nicht, jedenfalls fand ich sie am anderen Morgen im Salon auf der Couch liegend.
Gestern, als wir uns südlich von Sardinien befanden, hatten wir zur Abwechslung wieder bestes Mützenwetter. Bei mäßigem Wind und strahlendem Sonnenschein konnte man es trotz der nur noch 16 Grad Außentemperatur im Windschatten des Schanzkleides gut aushalten. Und wieder nahm der Wind am Nachmittag an Heftigkeit zu. Die Ausläufer eines über Schottland liegenden und sich in südöstlicher Richtung bewegenden Sturmtiefs hatten uns erreicht. Acht Windstärken drückten die atlantische Dünung durch die Meerenge von Gibraltar, die wir morgen Vormittag erreichen sollten. Uns bereitete das Wetter keine nennenswerten Probleme, denn Wind und See kamen direkt von vorn. Kleinere Schiffe und Kümos dagegen, die wir im Verlaufe des Nachmittages aufholten,

hatten da wohl mehr Probleme. Eingenebelt in Gischtfahnen zogen sie stampfend ihren Weg durch die aufgewühlte See.

Gleich nach dem Frühstück waren wir Passagiere heute Morgen nach oben gegangen und standen draußen in der Brückennock, als wir am Kalkfelsen von Gibraltar vorbei fuhren. Schön anzusehen war dieser, immer noch unter britischer Oberhoheit stehende, 400 Meter hohe Felsen, der nicht nur von etwa 30.000 überwiegend spanisch sprechenden Einwohnern, sondern auch noch von der einzigen in Europa frei lebenden Affenart, den Makaken, bewohnt wird.
Ganz allmählich wuchsen die Ufer des afrikanischen und europäischen Kontinents zusammen und formierten sich zur gerade mal 14,5 Kilometer breiten Meerenge von Gibraltar. Während wir uns in das Verkehrstrennungsgebiet einfädelten, hatte der 2. Offizier im Brückenhaus Kontakt zu der spanischen Verkehrsleitstelle aufgenommen und über UKW unsere Ankunft angekündigt. Ich stand in der geöffneten Nocktür und lauschte dem schon bekannten Dialog nach dem woher und wohin, der Anzahl der Besatzungsmitglieder sowie der Art und dem Umfang der Ladung.

Bei herrlichem Sonnenschein verließen wir das Mittelmeer. Außer einem immer noch heftig wehenden Wind aus Nordwest waren nur noch die mit Schaumköpfen bedeckten Wellen letzte Anzeichen des sich im Atlantik abschwächenden Sturmtiefs.
Mit Kurs 000 Grad ging es nach Umrunden des Kap San Vincente entlang der portugiesischen Küste direkt nach Norden. Morgens war es jetzt noch dunkel, wenn ich, wie üblich vor dem Frühstück, auf der Brücke erschien. Nur noch 12 Grad Außentemperatur verlangten nach warmer Kleidung. Auch unsere Klimaanlage war längst auf Heizbetrieb umgestellt. Das nordeuropäische Frühjahr hatte uns in seinen Bann gezogen.

Spätestens als wir unsere Abschiedsparty gaben, zu der wir Passagiere die gesamte Besatzung einluden, wurden erste Gedanken an das Ende der Reise verschwendet.
Nur noch vier Tage sollte unsere Reise dauern. Rotterdam war letzter Anlaufhafen, bevor es dann endgültig zurück nach Hamburg ging. Langsam machte sich Wehmut breit. Wir spürten alle, dass der Abschied nahte. Man fragte nicht mehr woher kommst du? Immer öfter hieß es was machst du nach der Reise, wir sehen uns doch mal wieder, oder?
Als wir längst zu Hause waren und ich irgendwann anfing, die ersten Zeilen dieses Berichtes zu schreiben, stellte ich fest, dass aus den anfänglich vielen Seiten Manuskript am Ende der Reise gerade mal eine halbe Seite geworden war und dass ich über die letzten Tage überhaupt keine Notizen mehr vorfand.
In Erinnerung geblieben ist mir eine interessante Fahrt auf der Maas, bis fast in das Zentrum von Rotterdam. Als wir am Vormittag des 14. April, es war ein Freitag, die niederländische Küste bei Hoek van Holland zu Gesicht bekamen, hatten wir gerade Niedrigwasser. Mit dem holländischen Lotsen an Bord warteten wir draußen vor der Küste, bis wir mit auflaufendem Wasser in die Maas einlaufen konnten. Bei gutem Wetter erreichten wir am frühen Nachmittag unseren Liegeplatz im Hafen der Stadt. Am Kai stand ein Krankenwagen bereit, der den verunglückten Matrosen übernehmen sollte.
Außer uns lagen keine weiteren Schiffe im Hafenbecken, so dass sich mir die seltene Gelegenheit bot, unser Schiff einmal in voller Größe vom gegenüberliegenden Kai zu fotografieren.

Moni und Heinz wollten später nachkommen, denn auch heute konnten sie nicht auf ihren geliebten Nachmittagskaffee an Bord verzichten.
In das Stadtzentrum von Rotterdam zu gelangen, war aufgrund einer fehlenden Fährverbindung nur mit viel Umstand möglich. So entschieden wir, in der Nähe des Terminals zu bleiben.
Schon nach weniger als einer halben Stunde Fußmarsch erreichten wir eine typisch holländische Ortschaft mit kleinen rot geklinkerten Häusern, in deren gepflegten Vorgärten bereits Magnolien in voller Blüte standen.

Gelüste nach einem gezapften Bier, nach wochenlangem Genuss von Flaschenbier, stellten sich bei uns spontan ein, als wir irgendwann an einem gemütlich aussehenden Gasthaus vorbeikamen, in das wir dann auch einkehrten.

Niemand nahm Notiz von uns, als wir eintraten. Ein für unsere Ohren unverständliches Stimmengewirr erfüllte den Raum. Gäste standen in Zweierreihe am Tresen oder sie saßen an Tischen bei angeregter Unterhaltung vor ihrem Bier. Drei Mann Bedienung hinter dem Tresen waren sichtlich bemüht, Getränkewünsche zu erfüllen. Fast alle Anwesenden trugen dunkelblaue Blazer mit dazu passenden grauen Flanellhosen, was dem Ganzen einen feierlichen Rahmen gab. Wir nahmen also zunächst an, in eine private Feier geraten zu sein und machten auch schon Anstalten wieder zu gehen, als mich unversehens einer der Anwesenden ansprach. Ich gab ihm auf Englisch zu verstehen, dass ich der holländischen Sprache nicht mächtig bin, wir aber gerne bleiben würden, wenn's genehm ist. Außerdem würden wir gerne in Ermangelung holländischer Gulden mit DM bezahlen. Meine erste Frage beantwortete er mir gleich selbst mit einem freundlichen >you`re wellcome<, während er die Frage bezüglich der Bezahlung in Holländisch an den Wirt weiterreichte. Er schien einverstanden zu sein und nahm auch gleich unseren Getränkewunsch entgegen.

Später, als sich die Gaststube etwas geleert hatte, fanden wir noch Gelegenheit, mit dem freundlichen Holländer ein paar Worte zu wechseln. So erfuhren wir, dass es sich hier nicht, wie wir zunächst angenommen hatten, um eine private Feier handelte, vielmehr fanden sich die Anwesenden, sämtlich Schiffsmakler, jeweils am Freitagnachmittag an diesem Ort ein, um bei einem Glas Bier das Wochenende einzuläuten. Zu erwähnen wäre noch, dass es im Verlaufe der

nächsten Stunden noch so richtig gemütlich wurde und wir mit Sicherheit unser Schiff verpasst hätten, wäre da nicht Moni gewesen, die rechtzeitig und mit Nachdruck zum Aufbruch geblasen hatte.
Wir verließen Rotterdam am vorletzten Tag unserer Reise so gegen 10.00 Uhr am Vormittag. Auch heute schien wieder die Sonne. Dem Fahrwasser folgend, strebten wir mit langsamer Fahrt bei ablaufendem Wasser der Nordsee entgegen.
Während wir ein letztes Mal unseren mittäglichen Lunch in der Messe zu uns nahmen, erreichten wir die freie See und nahmen Kurs auf die Elbmündung.
So ganz nebenbei fingen wir an die Koffer zu packen. Nur noch 18 Stunden trennten uns von unserem Heimathafen Hamburg, den wir morgen früh um 6 Uhr erreichen sollten.
Draußen ließ aufziehender Nebel die Sonne verblassen und hatte sie bald darauf vollständig ausgewischt. Doch auch der Nebel hatte mit Einführung des Radars seine Bedrohlichkeit verloren und so konnten wir mit unverminderter Fahrt unsere Reise fortsetzen.
Den Rest des Tages verbrachten wir zusammen mit Heinz in unserer Kammer. Unsere Gespräche drehten sich an diesem letzten Abend nicht mehr so sehr um gemeinsam Erlebtes, vielmehr unterhielten wir uns über die morgige Heimreise und über die nächste Zeit zu Hause. Man befand sich gewissermaßen in einem Wartezustand. Auch einige letzte Drinks aus dem sich erschöpfenden Getränkevorrat ließen keine nennenswerte Stimmung mehr aufkommen. Noch ein letzter abendlicher Besuch auf der Brücke und mit dem Gefühl, morgen für immer von Bord zu gehen, suchten wir ein letztes Mal unsere Kojen auf.
Als ich am nächsten Morgen um 5.00 Uhr, mit Mütze und Jacke versehen aus den Aufbauten nach draußen trat, passierten wir gerade Blankenese. Nur schemenhaft waren die am Hang liegenden Häuser im aufziehenden Morgen zu erkennen.
Heute war Sonntag. Die Stadt schlief noch. Auch auf der Elbe ruhte noch der Schiffsverkehr. Als wir mit langsamer Fahrt an Övelgönne vorbeifuhren, lösten sich dort zwei Assistenzschlepper von der Schlepperstation, um uns wenig später auf den Haken zu nehmen. Wir waren angekommen.
Und wie auf Bestellung präsentierte sich Hamburg im ersten zaghaften Morgenrot von seiner schönsten Seite.

Genau 51 Tage und 1 Stunde nach Ablegen hatten wir am selben Ort wieder festgemacht.
Noch ein letztes Frühstück an Bord, und nach einer sehr herzlichen Verabschiedung von allen Besatzungsmitgliedern, betraten wir wieder heimischen Boden.

Nachwort

Was uns zu dieser Reise bewogen hatte, erwähnte ich ja bereits am Anfang meines Berichtes.
So legten wir, auf der Suche nach der verlorenen Aura, rund 30.000 Kilometer zurück, wofür wir 51 Tage benötigten.
Was war denn nun geblieben von der Aura der christlichen Seefahrt? Nicht viel, möchte man im ersten Moment sagen.
Geblieben ist der Zusammenhalt bei der Schiffsbesatzung, der sich durch Diversifizierung von Tätigkeiten eher noch gefestigt hat. Hierarchische Strukturen, wie es sie noch zu Zeiten der Dampfschifffahrt gab, wo der einfache Seemann sein Logis vorn unter der Back oder achtern in der Poop, einem kleinen Aufbau am Heck des Schiffes, hatte und die Unterkünfte der Chargierten, also der Offiziere, Ingenieure oder Funker, mittschiffs lagen, sind heute obsolet. Sämtliche Unterkünfte befinden sich bei Schiffen der heutigen Generation in den zentralen Aufbauten. Unter der Back befindet sich jetzt das Kabelgatt, wo Farben, Tauwerk, Werkzeuge oder sonstige Dinge aufbewahrt werden.
Heute finden sich Decksleute als Rudergänger während der Revierfahrt auf der Brücke, oder sie unterstützen den wachhabenden Offizier bei Nacht zum Beispiel als Ausguck.
Wirtschaftlichkeit, bei voller Ausnutzung der technischen Möglichkeiten, steht heute im Vordergrund, was letztlich in Anzahl und Struktur der Besatzung seinen Niederschlag findet. Wo auf Stückgutfrachtern der vorherigen Generation noch 40 Mann Stammbesatzung die Regel waren, zählt man auf Containerschiffen der heutigen Generation gerade einmal 20 Leute. Seeleute fremder Nationen sind nicht nur auf deutschen Schiffen längst assimiliert.
Noch viele andere Dinge haben sich gegenüber früher verändert. So veränderte der Transport von Containern die Schiffsformen. Kunststoffe verdrängten edle Hölzer. Telefon und Faxgerät machten den Funker überflüssig und Satellitennavigation ließ den Peilkompass und Sextant zu Dekorationsstücken verkümmern.

Gleichwohl, für denjenigen, der sich zur See hingezogen fühlt, ist schon das bloße Vorhandensein seetüchtiger Schiffe eine ständige Versuchung. So vergingen auch nur ein paar Wochen, bis wir erneut mit dem Gedanken spielten, im nächsten Jahr wieder loszufahren.
Dem Wunsch folgte dann auch bald der Entschluss, und so führte uns unsere nächste Reise auf einem „Bananendampfer" nach Zentralamerika, genauer gesagt nach Costa Rica, wo wir ausstiegen und eine Woche an Land verbrachten.
Und noch eine weitere Reise folgte. 2002 ging es mit einem Containerschiff der Buss-Reederei nach Südamerika. Wir „wandelten" dabei gewissermaßen auf den Spuren der Traditionsreederei Hamburg-Süd, oder Hamburg-Südamerikanische Dampfschifffahrts-Gesellschaft wie sie damals hieß, die in den zwanziger Jahren diese gern benutzte Route zwischen Europa und dem La Plata unter Anderen mit der berühmten Cap Polonio befuhr.
2004 geht es nach Indien und 2005 erfüllen wir uns den Traum, in 84 Tagen um die Welt zu fahren. Natürlich wiederum mit einem Frachtschiff.

Glossar

Eine kleine Übersicht der im Reisebericht benutzten seemännischen Ausdrücke.

achtern	hinten
Ahmings	Marken an Bug und Heck von Schiffen zum Ablesen des Tiefgangs
aufbrisen	zunehmender Wind
Aufkommer	ein von achtern näher kommendes (aufkommendes) Schiff
Back	Vorschiffsaufbau mit Lager- und Werkstatträumen, Kabelgatt
backbord	linke Seite des Schiffes
Bootsmann	Besatzungsmitglied, das für die Leitung von Arbeiten im nautischen Bereich verantwortlich ist
Bootsmannsstuhl	Sitzbrett mit überkreuz eingespleißtem Hahnepot zum Arbeiten einer Person an Masten oder Außenbords
Brücke	Decksaufbau, der zur nautischen Führung des Schiffes vorgesehen ist
Brückennock	Abschluss der Brücke an der Bordwand des Schiffes
Bug	Vorderteil des Schiffes
Bugstrahler	Propeller zur Erzeugung von Querschub. Am Bug angebracht
Bulkcarrier	Frachtschiff für schüttfähige Massengüter
Chiefingenieur	leitender technischer Offizier eines Schiffes
Davit	Aussetzvorrichtung für Rettungsboote
driften	durch Wind und Strömung bewirkte Ortsveränderung des Schiffes.
Festmacher	jemand der die Festmacherleinen des Schiffes entgegennimmt und am Kai auf den Poller legt.

fieren, wegfieren	Leine oder Kette mittels Winde oder Handkraft ablaufen lassen
Gangway	Bezeichnung für Landgangsteg
Gegenkommer	ein von vorn kommendes (entgegenkommendes) Schiff
Gischt	fein zerstäubt überkommendes Wasser
GPS	Global Positioning System Satellitennavigationssystem
Hahnepot	Stropp aus zwei oder mehr Strängen, die in einem Punkt zusammenlaufen
Heck	Hinterteil des Schiffes
Kabelgatt	Lageraum für Tauwerk etc. im vorderen Teil des Schiffes
Kai	Bezeichnung für eine zum Anlegen von Schiffen bestimmte Uferanlage
Kielholen	Bis ins 19. Jh. hinein praktizierte Methode der Bestrafung eines Seemanns, indem er an einem Tau unter dem Kiel des Schiffs hindurchgeholt wurde.
Kimm	kreisförmige Begrenzungslinie der sichtbaren Wasseroberfläche auf See
Knoten	Einheit der Geschwindigkeit 1kn = 1 Seemeile/Stunde
Kombüse	Bordküche
Laschings	Ladungssicherung
Legerwall	Küstenstrich an der dem Wind abgewandten Seite des Schiffes
leichtern	ein auf Reede liegendes Schiff „leichter" machen, entladen
Löschen	Entladen eines Schiffes
Logbuch	Schiffstagebuch. Laufend zu führende Urkunde. Gehört zu den wichtigsten Schiffspapieren
Logis	Wohnraum für Mannschaften unter der Back

Lotse	Berater des Kapitäns in schwierig befahrbaren Gewässern
Lotsenversetzer	kleines Fahrzeug zum Versetzen von Lotsen vom Lotsenboot auf ein Schiff
Maschinentelegraph	Signalanlage zwischen Brücke und Maschinenleitstand
Messe	Speiseraum für Offiziere (O-Messe) oder Mannschaften
Messejunge	bedient in der Messe die Besatzungsmitglieder
Mole	besondere Form eines Leitdamms
Mug	Trinkbecher
Peilkompass	dient der Richtungsbestimmung vom Schiff zu einem Objekt
Pier	zum Anlegen von Schiffen und eine zum Laden und Löschen bestimmte Anlage
Poller	Vorrichtung zum Belegen von Trossen für das Festmachen von Schiffen
Poop	Aufbau auf dem Heck eines Schiffes
Portalkran	spezieller Kran für den Containerumschlag
Radar	Funkmessverfahren zur Abstands- und Richtungsbestimmung
Reede	Wasserfläche, die ein sicheres Liegen vor Anker liegender Schiffe ermöglicht
Reling	um das Deck laufendes Geländer
Revierfahrt	vom Hafenliegeplatz bis in die freie See zurückzulegende Strecke oder umgekehrt
Rollen	Schwingung eines Schiffes um die Längsachse
Ruder	flächenförmiger drehbarer Körper zum Steuern des Schiffes
Rudergänger	Besatzungsmitglied der Seewache, der das Ruder bedient

Schanz	auch Schanzkleid. Eine rings um das Schiff verlaufende Schutzwand
Schlepper	spez. Schiff zum Schleppen von Schiffen und anderen Schwimmkörpern
schwoien	Drehbewegung ankernder Schiffe
Seemeile	Längenmaß, das aus dem Äquatorumfang der Erde abgeleitet wurde und mit 1852 m der Länge einer Bogenminute (1/60 Grad) entspricht $\frac{40.000}{(360 \times 60)} = 1,852$ km
Sextant	Winkelmessgerät für Aufgaben der terrestrischen und astronomischen Navigation
Shuttlebus	Pendelbus
Sliphaken	Haken, der nach Öffnen einer Sicherung unter Belastung aushakt
Smutje	Bezeichnung für den Schiffskoch
Stag	Drahttau zur Befestigung des Mastes
Stampfen	kurze abgehackte Bewegung des Schiffes bei Seegang von vorn
steuerbord	rechte Seite des Schiffes
Tide	Gezeit, oder der Ablauf der Gezeit zwischen den beiden Niedrigwassern
ton	Maßeinheit in der Seeschifffahrt 1t = 1000 kg
verholen	den Liegeplatz eines Schiffes verändern
verzurren	seefähiges befestigen von Ladung
Wachtörn	Dauer einer Wache, z.B.: 0-4, 4-8, 8-12 Uhr Wache
Wegerechtschiff	Fahrzeug, das wegen seines Tiefgangs, Länge oder sonstiger Eigenschaften gezwungen ist, den günstigsten Teil des Fahrwassers in Anspruch zu nehmen. Hat stets Vorfahrt. (National geregelt)
Winsch	Deckshilfsmaschine zum Heben von Lasten